初中语文教学知与行

黄丽玉 著

·上海·

图书在版编目(CIP)数据

初中语文教学知与行 / 黄丽玉著. -- 上海：同济大学出版社，2022.12
ISBN 978-7-5765-0452-1

Ⅰ.①初… Ⅱ.①黄… Ⅲ.①中学语文课－教学研究－初中 Ⅳ.①G633.302

中国版本图书馆 CIP 数据核字(2022)第 208141 号

初中语文教学知与行
黄丽玉　著

责任编辑　丁国生　　**责任校对**　徐春莲　　**封面设计**　张　微

出版发行	同济大学出版社　www.tongjipress.com.cn	
	（地址：上海市四平路 1239 号　邮编：200092　电话：021-65985622）	
经　销	全国各地新华书店	
制　作	南京月叶图文制作有限公司	
印　刷	江苏句容排印厂	
开　本	710 mm×1000 mm　1/16	
印　张	10.75	
字　数	215 000	
版　次	2022 年 12 月第 1 版	
印　次	2022 年 12 月第 1 次印刷	
书　号	ISBN 978-7-5765-0452-1	
定　价	56.00 元	

本书若有印装质量问题，请向本社发行部调换　　版权所有　侵权必究

序一

同"乡" 同道 同仁

黄丽玉老师东北师范大学毕业回到常熟工作,2016年来到上海,而我则从东北到常熟,再到上海,工作地点的变化轨迹相似,又是语文同道中人,属于有缘。

黄老师是一位非常踏实的语文教师,为人朴实,工作踏实,为学真实。她对于教学的追求,一直孜孜不倦,追求教育的本真,即在语文学习中充分发挥学生的学习主动性,让学习成为学生自己愿意完成的一项活动。

作为一名一线语文教师,她的教育教学理念能够紧紧契合时代的要求,在"双减""双新"的教育改革形势下,她勇于进行探索,敢于放手,充分发挥学生学习的主动性,她所进行的"小先生课"研究,为自读课文的教学提供了崭新的模式。

黄老师对语文有本质的认识:任何学习力都是思维力,思维力是核心。语文学习到最高层次境界和梳理逻辑是高度一致的,语文必须在活动中学,不管是什么活动,最终一定是语言交际的思维活动,黄老师的语文教学活动就是激活学生思维的过程。"活"的最大指标贵在改善学习方式,一节课学生没有问题,那教师就有越俎代庖的嫌疑。学生不会提问题本身就是个大问题。教师教会学生提出有价值的问题远比教师自己提出有价值的问题更有价值。还有一个"活"的表现是活学活用,如果学了半天没体现用,那这个学还只是储存没有激活。能让薄弱学生"活"起来,有活力有进步,这种教学才是有效的。她在语文活动中注重借用小组的力量,绩优生带学困生,在小组合中活动中互助合作互通有无,共同进步。

由学生的问题开启语文学习,生生对话演绎了课堂教学,"活"的最高境界是自主学习，因材自学，尚活是为了求实，"活"的目的是学出实效，学出实际，学出实用。从实际出发，从认知出发，讲求实际效果。

从书中可见，黄老师的教育教学理念是要在"活"和"动"中培养学生的自主学习能力，她为学生提供了多种活动方式，有"小先生课"、有名著阅读微课程、有名著阅读"导读——自读"活动；为学生提供多种表现的平台，有上讲台、上舞台、辩论演讲等；指导学生采用多种表现方式，有个人展示、小队展示……丰富多样、异彩纷呈。

我对"小先生课"印象比较深刻，她在上课前利用转大转盘的方式确定上本节课的队员，可以说是非常大胆的，万一抽到的小队能力比较弱怎么办？没有做好周全的准备怎么办？但是令人担心的事都没有发生。有一次抽到的小队能力确实比较薄弱一些，但很快有其他的小队补台，把他们没有讲好的补充完整，顺利完成本堂课的教学任务。从这里就可以看出，平常黄老师训练有素，学生们虽然能力有参差，但配合得比较好。课上八年级的学生展现了非常好的学科素养，他们对课文有自己独特的见解，教态自然，与学生互动活跃，上课气氛融洽，同学发言积极有质量，真正实现了做"课堂的主人"。

我一贯主张"会学不教、能学缓教"，黄老师在教学中总是鼓励学生自己提问，由学生的问来启动思维，开始课文的学习，是一种高效的教学方法。在孩子们的问题中，教师了解了学生的知识的盲区，上课有的放矢就事半功倍。

从书中可以看出，黄老师对于语文教学前沿的理论都有所涉猎且进行了实践和理论的总结，如项目化学习、单元教学设计等，我相信在她的努力探索和潜心实践下，她的理论素养和实践水平会有更大的提升，希望她更多地学习和钻研，乘着新课程改革的东风，进一步提升自我，有更多的收获，采撷更多丰收的果实。同时希望黄老师能把信息化和数字化引入课堂，努力尝试因材自学，让学生真正成为学习的主人。

曾宪一

上海市特级校长

特级教师　正高级教师

2022.1.6

序二

知行合一　与时为教

在实施新课程的今天，语文教育逐步由重视传统的知识学习转变为综合能力的培养，进而回归到语文作为一门重要人文学科的轨道上来。

语文是基础学科，在对学生具有精神滋养作用的同时，对于学生适应新中考、新高考至关重要。阅读能力的培养是语文教学的重点，已经得到广大语文教师的普遍重视。从教学的实际情况来看，静态的语文知识教学，无论是教学方法还是教学评价，都较为确定，但是阅读能力的培养则体现出动态的特性，教学方法以及评价标准灵活、多元。对于后者，目前尚缺少成熟的训练体系与实际有效的经验，有待广大教师不断探索。本书在这方面进行了可贵的探索，体现了这方面的成果。

作为一线教师，作者结合自身的思考与实践，充分利用各种渠道的信息资源，在选择阅读材料、设计学习方案、体现学习成效上都进行了很多有益的探索。全书从两个层面展开：其一针对日常语文教学，进行有重点的总结与提升，形成"知篇"；其二结合具体的课堂进行设计与教学，精心选择阅读素材，开展互动教学，形成"行篇"。本书的逻辑框架十分清晰。

全书各个部分相对独立，又是一个有机整体，比较全面地反映了作者在多年教学工作中的所知、所行、所思。本书展示了作者自身探索的轨迹，对于广大语文教师也有一定的参考借鉴价值。

是为序。

程　翔

语文特级教师　正高级教师　全国优秀教师

2022年1月18日

前 言

建构主义认为,学习是建构的过程,是学生新旧经验之间一个双向交互作用的过程,是通过同化和顺应两种途径建构意义的过程。我们传统的学习观认为知识的获得是被动的接受过程,随着教育理念的不断更新,我们逐渐认识到学习者可以主动建构知识,强调发展学生的主体性,在教学观念上强调教学的理解性,重视教学的情景建构,重视活动与主体的交往,学生也应充分认识到自己具有发挥主体性的潜力,学会自我管理,在教师提供一定支架的基础上,做学习的主人。这就是"以学生的学为主"的教育思想的理论支撑。

"以学生的学为主"的教育思想可以分别从学习观、教学观、知识观三个方面进行阐释。

1. 学习观:学习的主体是学生,学习是学生主动建构自己知识的过程,是学生新旧经验之间双向交互作用的过程,是能够使学生运用先前习得的知识与技能理解当下的知识,进而影响未来的活动。这种学习方式的特征是主动、探究与合作,从而培养学生的自学能力、开发学习潜能、提升学科素养、发展个性。

2. 教学观:课堂教学就是进行"问题"或"话题"交流活动,教师的任务在于设置鲜活的情景,提供给学生相应的支架,激发好奇心、求知欲,让他们获得知识和解决问题的技能。

1) 不同课文类型、不同知识,采用不同的方式。

"讲读课文"采用"学生提问法",即预习之时学生可以从课文内容、结构、语言等方面质疑,教师上课解答或和学生共同探讨。

"自读课文"采用"小先生课"的方式让学生学会解读课文、提出问题、解答问题、口语表达。

课外阅读采用微课展示和自读与导读结合等方式,期末微课期间,为巩固阅读成果和提升学生对文本的解读能力,为锻炼学生思维能力和表达能力,开展微课展示活动。活动过程如下:根据阅读选题,学生选择感兴趣的话题,参加该老师的微课,在老师的引导下完成各自的任务,学生通过讨论形成一致的观点,最后上台展示,展示结束学生反思活动成败。

2) 采用"自读、略读"与"导读、精读"相结合的自主阅读活动。

3. 知识观:认知心理学将知识分为陈述性知识和程序性知识,陈述性知识可以通过大量反复的训练来完成,程序性知识更侧重"技能",就是用习得的知识解决实际问题,如从课文中提炼写作方法,进行片段作文的训练,就是程序性知识的运用,再如"教读—自读—课外阅读"三位一体的教材体系,说到底就是教学生如何运用课堂所学知识进行自读课文的学习和课外阅读。

在实践中,应遵守预学再教、能学自学、有疑解惑的原则,学生有一定的自学能力,在教师讲课之前,一定要让他们根据预习单预习,解决一般性的疑问,如说明文中说明对象、说明方法等,就可以自己解决;进而提出自己的疑问,可以在小组内讨论解决,也可以由教师解决。这才是课堂真正的开始。在教学过程中教师也要明晰哪些教学内容是学生自己可以学会的,哪些需要小组合作,哪些需要讲解,从学生的实际需求出发进行教学,让学生更有兴趣,课堂也更有效率。

"以学生的学为主"的教育理念还表现在教学过程中以"活"为原则,做到课堂"五活",即引入活、形式活、气氛活、探索活、结尾活。用生活中的事例引入课文,如教学《紫藤萝瀑布》一文,正好笔者家中被缠络致死的凌霄花再次死而复生,引入了植物生命力顽强这个特点,从而进入课文的教学,并且也告诉学生植物能给人很多启示,这也就是常用的"托物言志"手法。

网课期间,虽然师生都面对冰冷的屏幕,但课堂的气氛并不比线下差,腾讯会议有很多种互动的形式,学生可以抢先开麦回答,可以互动批注,气氛一直很热烈。我们也会对一些难一些的知识进行探讨,比如《阿长与〈山海经〉》中鲁迅对阿长的感情究竟如何,一节课设置一个小疑难点,允许学生提出自己的看法并阐述理由。

　　总之,好的课堂是师生、生生互相尊重的课堂,学生如果回答出了别人无法回答的问题,他是可以被称作"老师"的;若他的意见和老师不一样但只要言之成理,他得到的应是表扬而不是批评。我的课堂是开放式的,是在交流中、活动中、情境中学习语文的,能激起学生的自信力、成就感、快乐感。即使是后进生,在课堂上也是自信的。不同学习能力的学生完成不同的课堂任务,这样,学生才是课堂真正的主人。

目录

序一

序二

前言

知篇——教学论文系列

《春》意勃发　群芳争妍
　　——"一文多教"和"多文群教"群文阅读操作策略探微　　3

通过《西游记》教学探索目标引领下整本书阅读路径和策略　　10

不只是悲悯：走近他们，温暖他们
　　——以任务驱动探究语文七年级下第三单元的"小人物"　　16

如何使用教材发展学生思维　　23

《城南旧事》整本书阅读教学策略研究　　28

基于行动研究的教学探索
　　——运用"支架链"引导"小先生"自读课　　33

基于UbD理论的单元设计目标的确立
　　——以部编版教材七年级课文为例　　44

基于UbD理论的口语教学策略研究　　50

论诗歌教学中学生主体意识的激发　　58

论中学生写真实作文的重要性和操作策略　　　　　62

行篇——教学案例系列

"学生导师制"模式下的小组合作学习教学研究　　　69

"综合活动课——介绍我自己"案例分析　　　　　101

《古代诗歌三首》教学案例分析　　　　　　　　　106

课外阅读指导　　　　　　　　　　　　　　　　　109

后记　　　　　　　　　　　　　　　　　　　　　159

知 篇
——教学论文系列

《春》意勃发　群芳争妍

——"一文多教"和"多文群教"群文阅读操作策略探微

摘要：近年来,"群文阅读"这一阅读理念逐步走进课堂,群文阅读对于提升学生语文核心素养有着很大的作用,群文阅读是发展学生思维的一个很好的抓手,本文以《春》+X为例进行"一文多教"和"多文群教"的群文阅读操作策略探究,借助朗诵、创作、比较等方式进行思维能力的培养。

关键词：群文教学　《春》+X　一文多教　多文群教　思维能力

随着时代的快速发展,人们生活节奏变快,阅读形势也出现了新的变化：阅读渠道更加多元化,阅读内容更加丰富,阅读环境更为多元。在这样的变化下,短时间内获得大量适合自己的信息成为人们的追求,人们如果要达到这一目标,就必须要有足够的思维能力。

从思维品质看,初中生与小学生比有较大的变化,如思维的敏捷性、灵活性、深刻性以及批判性都得到了明显的增强,但是仍带有一定的主观、片面的特征。在当前的语文阅读教学中,初中生的思维并没有得到有效的发展。在单篇阅读教学模式和应试的压力下,学生的思维多少受到了压抑,长此以往,学生的思维得不到发展,阅读能力也无法得到有效的培养与提高。

"群文阅读"是近几年兴起的一种阅读教学实践,它不同于传统的单篇阅读教学,而是要求教师与学生围绕一个议题选取一组文章进行阅读与讨论,最后形成综合性的认识。这种阅读教学方式能够将不同类型的文本分解与组合,学生可以在思辨性阅读中通过想象与联想加强对文本的理解与感悟,同时通过比较、分析、归纳以及概括,提高自身的语言运用能力与思维能力,因此在教学中使用"群文阅读"这种阅读教学方法/理念有利于发展与提升学生的思维,提升学生的语文核心素养。

本文以"《春》+X"为例进行群文教学实践,探索这一类写景散文的教学模式:一文多教,多文群教,通过这种方式发展学生的思维能力。

一、聚焦思维,精讲细读

在《春》和《济南的冬天》的教学过程中,笔者聚焦于想象和联想这一创造性思维。具体操作如下。

(一)设置主问题,高屋建瓴朗诵传我思

《春》:以"春天里的人是_____,因为_____"为主问题,想象春天带给人的各种情感体验。

活动由学生提出的三个问题出发进行归纳。三个问题分别为:①坐着、躺着的人是谁?②春天既像娃娃和小姑娘又像青年,不是矛盾的吗?③文章中出现"可别恼""看"等词语有什么作用?以回答三个问题为抓手,体会春天给人的感受,是幸福、忙碌、悠闲,根据不同的感受找到相对应的句子,进行有感情的朗读,朗读的方式多样化,由一个小组朗读,其他同学闭眼想象,再谈想象之景,由一同学朗读,其余同学闭眼想象,也可由同学寻找句子中应该重读的词语或词组,掌握句子的停顿,从而体会春天带给人们的各种感受。如"小草偷偷地从土里钻出来"中的"偷偷地"应轻读,让人想象小草默无声息破土而出带给人的惊喜,"树叶子却绿得发亮,小草也青得逼你的眼"中的"逼"字应该重读,让人想象在春雨滋润下,小草是如何势不可挡地生长的。

作者在行文中,也多处用到了想象和联想,如"树上仿佛已经满是桃儿、杏儿、梨儿""像母亲的手抚摸着你",后一句,既是比喻,又是联想,由春风的温暖联想到母亲抚摸的感觉,在朗诵这些句子的过程中,学生也能体会春天里的人们的幸福感。

《济南的冬天》:以"济南人是_____的,因为_____"为主问题,想象济南城里的人的生活。

由济南城的特点谈起,济南城天气温情,山水有意,济南人的生活安适惬意,为了给想象一个依托,本活动也结合朗读活动来展开,并教授相关朗

诵知识。

如文章开头,作者饶有兴味地讲述济南冬天的特殊,作者在无拘无束的心境中悠然自得地与人谈天说地,感情真实,用声柔和,起调不要高,长短句调配好,重读"北平""伦敦""没有风声""响晴""温情"等。"重读"和"连读"同时也是本单元的单元目标,一举两得,在琅琅的朗读声中,想象冬天的济南人的闲适安逸。

(二) 紧扣细微处,以小见大字词见天地

《春》虽是写景散文,却处处可见"人影",找出"藏着的人",联想春天的生命活力。

春天里的人,除了坐着躺着的人还是春天"本人",她的"脚步近了",像娃娃、小姑娘、青年,充满了"新、美、力";作者藏在暗处,跟人们说话,看到春雨连绵不要"恼",去"看"如牛毛花针的细雨,亲切可感,如叙家常;各种花、阵阵风、初升的红日,哪一个不是春天的使者,哪一个不是充满了柔情蜜意,春天在哪里?春天在氤氲的空气里。

《济南的冬天》有这样两处:

① 他们全安静不动地低声地说:"你们放心吧,这儿准保暖和。"

② 他们由天上看到山上,便不觉地想起:"明天也许就是春天了吧?这样的温暖,今天夜里山草也许就绿起来了吧?"

以上两例中,成功运用了示现修辞。作者凭借想象,把实际没听到没看见的事物,写得如见如闻,使读者如见其人、如闻其声、如临其境。作者发挥了丰富的想象,由现实到遐想,把事物写得如在眼前,具有浓郁的浪漫主义色彩。例②中两个"也许",虽是幻想,但把济南人对冬天的喜爱和感激之情形象地展现出来。

两文都善用比喻和拟人,运用比拟直接描绘出景物的神态和心理,如《济南的冬天》中,"围"展现出小山与济南城亲密依偎的情态;"放"表现出了小山对济南城的呵护和怜爱之情;"说"更是把小山写活了。连续用三个动词,逼真地表现了小山对济南宠着护着的情态,突出了小山对济南城的诚挚之情。《春》中鸟儿呼朋引伴地"卖弄"清脆的喉咙等,无不充满了作者

对描写对象的发自肺腑的喜爱之情。

(三) 发挥创造力,诗词歌赋异想落实地

郁达夫评价《春》:朱自清虽则是一个诗人,可是他的散文,仍能够满贮着那一种诗意。在执教的过程中,笔者让学生预习自读,去寻找富有诗意的句子,学生指出集中在第1、2段和5、6段,课堂上提问学生他选择的标准,学生说出了"节奏紧凑、语言简洁和使用有表现力的字词"这三个特点,整节课围绕这三个特点分析文章的语言,采用变换格式和根据段落创作两种方式进行"诗意"的领会。教师把第1、2段格式换成以下格式,便于学生朗读时较好地领会诗意。

1. 变换格式朗诵,拟定标题领悟

  盼望着,

  盼望着,

  东风来了,

  春天的脚步近了。

  一切都像刚睡醒的样子,

  欣欣然张开了眼。

  山朗润起来了,

  水涨起来了,

  太阳的脸红起来了。

这样,一首小诗完成,让学生为它拟一个标题,既考查学生对文段的理解,又能提高他们的语言能力,拟标题的过程也是创造性思维能力的一次锻炼和提升。

2. 抓取关键意象,同伴合力创作

《春》的第6段春雨图,是非常符合传统诗歌的意境的,春雨朦胧、农夫劳作、房舍静默,所以笔者设计了一个活动,让学生四人一小组,从文段中选取意象,想象画面,进行诗歌创作,还原文中的意境,还是有不少好的作品产生的,以下为其中一例。

《咏春雨》:薄烟衬绿,灯下织衣。披蓑戴笠,疏屋静默。雨润大地斜腾雾,牛毛花针丝丝落。

《济南的冬天》同样也是充满诗情画意,不管是远山还是近水,都是"小水墨画",能勾起人的诗兴,也是大有创作空间的,课堂上不妨一试。

二、发散思维,群文并读

(一) 同类主题作品的群文教学

笔者选择《春》《大明湖的春》《碧云寺的秋色》《慢镜头下的春天》四篇散文来设计群文阅读教学,除了《春》,其余三篇都为课外文本,与教材互相补充互相比较。四篇均属于写景类散文,通过景色的描写抒发内心的喜爱和喜悦。

1. 议题设计策略

本篇教学设计改变传统单篇设计的方法,采用群文阅读教学的方式,课堂以促进学生自主阅读为主,阅读过程中根据教师的指导获取信息,体会语言,体会自然之美,揣摩作者感情,提升语文核心素养。

2. 任务设计策略

设计意图:自主阅读拉近与文本的距离,初步感知文章内容,认识四篇散文的异同。

赏析重点语段,完成任务。

分析描写对象的特点及作者所用的表现手法。

分析作者感情的异同。

掌握不同的诵读方法。

重点:通过阅读把握作者情感,了解作者所采用的表现手法。

过程:自读文本,完成下面的阅读卡。

写春类群文的比较阅读

题目	描写对象	对象特点	感情色彩	作者情感	精选语段
《春》					
《大明湖的春》					
《碧云寺的秋色》					
《慢镜头下的春天》					

任务设计:找出描写《春》中"春天"的特点的句子,找出表达作者对春的情感的句子;找出描写《大明湖之春》中"春天"特点的句子,找出表达作者对大明湖之春的情感的句子;找出《碧云寺的秋色》中写秋色特点的句子,找出表达作者对秋的情感的句子;找出《慢镜头下的春天》中写春天特点的句子,找出表达作者哲思的句子。

模仿其中一位作者的写作特点,选择喜欢的季节,进行写作。

以《碧云寺的秋色》为例分析。

本文最大的特点是"先耳闻其声,再目睹其形,再赏识其色",文章的前一半篇幅并没有直接描写"秋色",而是把笔墨洒在碧云寺的环境上,洒在秋色的孕育中。就像一位绝世佳人,始终不肯轻易露面,千呼万唤后又是突然"那么神速""急速地换上了新装"。

"秋色"来得快,来得急。

在碧云寺秋色的大背景下,撷取爬山虎这一物象,它是主物像、主色调,其余只能作背景,作点缀,作陪衬。

在散文中融入哲思,《慢镜头下的春天》是一个典范。当我们把它当作一篇哲理散文来欣赏的时候,你就会觉得作者是在阐述一种浅近又深刻的道理:春天的来临,"更像是慢镜头下的脚步,连续地、缓缓地、一步分成好几个动作地"。作者以"自然物像"的变化为喻,在阐述一种"道理":社会的变革何尝不是如此。

人们往往只会看到结果的"突变"而忽视过程中的"渐变"。对过程中的"渐变",人们需要有"欣赏"的心态和"发现"的眼睛。否则,对周围的"渐变"常常会熟视无睹,淡然木然。

四篇文章,各有特色,学生可以选取自己喜爱的作品进行模仿。

(二) 同一作者(朱自清)的群文教学策略

1. 议题设计策略

在群文阅读教学中,议题有着核心地位,发挥着导向作用,朱自清散文风格独特,设计好的议题对于群文教学有着十分明确的指向作用。设计议题要把握"多角度设计"的原则。

横向分析。指可以通过类比的方式探究议题内容,如以"朱自清散文的语言风格探究"为议题就是横向分析,可以通过朱自清与不同作家散文的类比进行探究,如将他的《绿》和艾青的《绿》进行比较,体会他的作品的秀丽;将朱自清的《阿河》和鲁迅的《祝福嫂》对比,体会朱自清语言的平实自然。这样的议题设置有利于学生更加系统且深入地了解朱自清散文风格的独特性。

纵向分析。指将作者不同阶段的作品进行比较分析。以时间线为轴进行研究,这样的议题选择方式有利于加深对朱自清生平的了解,认识到不同年龄不同经历对作品的影响,学会"知人论世"的方法,触类旁通将这种方法运用到其他作家作品的研读中。

2. 文本选择策略

文本选择也需要把握"多元化"的原则,如果我们设定议题为"朱自清散文的语言风格",可以选择如《绿》《春》这样的写景性文章,也可以选择类似《背影》《欧游杂记》那样的叙事散文;如以"朱自清的生平"为议题,可以阅读相关的作品、纪录片或采访等形式的内容,更客观地了解朱自清,从而加深理解。

议题的生成和文本选择都能锻炼学生的思维,不管是哪一项任务,最好都由师生一起完成,教师做主导,学生为主体,这样的锻炼能让学生强化主动学习思维。在过程中,教师可以提示学生文本的取舍要以议题为中心,在选择中体现学生对议题的自我理解和把握,这是对朱自清散文的多次理解重建,让学生在讨论中,以更严密的逻辑思维互相阐发观点并最终决断,使其思维得到发展和拓宽。

在选择商定的过程中,学生还会接触比较多的资料,在比较中求同存异,也许还会打破自己原有的认知,这将更符合群文阅读教学的思路和目标。

通过《西游记》教学探索目标引领下整本书阅读路径和策略

摘要：整本书阅读地位与日俱升,本文以布鲁姆目标分类学为理论基础,根据修订版的《学习、教学和评估的分类学》,指导学生进行《西游记》的整本书阅读,探索并提出了一些操作性较强的实践路径和方法,旨在将《西游记》整本书阅读落实到位。

关键词：布鲁姆教育目标分类学修订版　西游记　整本书阅读

2017年版的《普通高中语文课程标准》(新课标)有一个大改动,就是整本书阅读放在显眼的"任务群"中的第一位,如何进行整本书阅读的教学,如何在课堂上实施,如何指导学生去完成试卷"综合运用"部分,如何在阅读中确切地提高语文核心素养,也是一线语文教师需要思考的。

布鲁姆《学习、教学和评估的分类学》修订版在之前关注结果测评的基础上还关注学生的学习和教师的教学分类,以及目标、教学活动和测评三者之间的一致性。[①] 本文将以《西游记》为例,采用目标分类学的理论,进行研究和实践总结。

一、基于理论的课程教学目标探索

(一)课程设计的依据

新分类学认为一个目标的陈述应当包含一个动词和一个名词,动词描述预期的陈述过程,名词描述我们期望学生将要习得或建构的知识,它将知识领域划分为知识和认知过程两个维度,知识维度包括：事实性知识、

---

① 安德森等：《学习、教学和评估的分类学》,华东师范大学出版社2007年版。

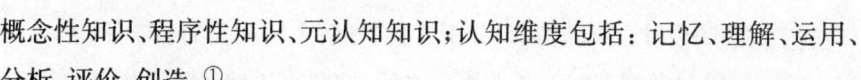

概念性知识、程序性知识、元认知知识;认知维度包括:记忆、理解、运用、分析、评价、创造。①

(二)课程设计的意义

培养学生拿起整本书、阅读整本书、体会整本书的习惯尤其重要,通过整本书的学习提高核心素养也是当下的重要任务之一。

整本书阅读可以提供更大的阅读量、提供更加丰富的写作手法,使学生体会更深刻的情感和思想,学会从不同层面去理解事物,看待事物的视角更全面,进而形成整体性思维。

二、基于目标下的教学设计与路径探索

由于各方面的原因,如整本书阅读难度较大、学校制度不支持或支持力度不够、教师指导相对乏力、学生阅读阻碍较多等,整本书阅读的开展并不到位,因此,笔者借用目标分类学,在明确目标的基础上开展《西游记》整本书阅读的指导。

《西游记》整本书阅读的目标定为:领会如《西游记》这样的小说与自己人生的关系;学生能记住该小说的重要细节。

在明确目标和路径的基础上,设计相关活动进行《西游记》整本书阅读的活动以期达到目标,教学活动设计主要策略如下。

(一)导入活动:结合实际理解教师提炼出的概念

重点介绍关于这部小说的一些重要概念,将"出家在家""苦难""修心"三个概念写在黑板上,并将全班分成三组,要求小组成员就这三个词的每一个写出5分钟的感想。

这一导入活动的重点在于理解概念性知识。关键概念包括"出家在家""磨难""修心",除知识外,让学生用自己的经历来解释和举例,解释和举例都是与理解有关的认知过程。

---

① 安德森等:《学习、教学和评估的分类学》,华东师范大学出版社2007年版。

（二）活动设计：梳理情节、分析人物、理解主旨相关的教学活动

通过解释和举例理解了三个概念之后，按照小说理解的一般思路进行梳理情节、分析人物和理解主旨的活动，达到记忆、理解、分析的目标。

七年级学生拥有一定的阅读小说的策略，活动的设计基于学生已有的知识和能力。小说阅读的一般路径就是通过梳理情节、把握人物形象进而理解主旨，所以还是从三方面引导学生去完成目标。

三、基于教学设计下的教学策略实践探索

理解概念，做好教学设计之后，就进入到教学实践的环节，为了达成不同的目标，设计了具体的一些活动。

（一）根据任务梳理情节

教师为学生设计了两项任务进行情节的梳理。

1. 完成表格

《西游记》作为章回体小说的代表，它的标题就是该回最精当的概括，例如第一回"灵根育孕源流出，心性修持大道生"，就可以解读到这样的信息"孙悟空从天地孕育出来，通过修行最终成就大道"。为此设计表格，要求同学利用寒假完成《西游记》的第一遍阅读。

2. 带着问题再次阅读

第二遍阅读让学生带着问题去读，如阅读"婴儿戏化禅心乱，猿马刀归木母空"这一章时，笔者设置了几个问题：①红孩儿是如何获得唐僧信任的？②红孩儿一见到孙悟空问了他什么问题？③红孩儿是如何打败孙悟空的？带着这些问题阅读完后，可以根据"开端、发展、高潮、结局"的模块为《西游记》梳理情节。

（二）趣味活动回顾故事

结合七年级学生的学情，在开展整本书阅读的时候设计的活动带有一定的趣味性，这样目标的达成度能有一定的保证。

1. 第一人称的角度叙述故事

例如在"车迟国"这一章，可以让学生分角色复述情节，三个学生分别

扮演虎力、鹿力、羊力，都以第一人称的叙述方式来梳理本回中的重要情节。这样可以帮助学生有效识记最重要的情节，而且在复述的过程中，有遗忘的内容，在听的同学可以补充。教师还可以指导学生根据地点的变化对更多的情节进行概括。如孙悟空在"花果山""天宫""斜月三星洞"的"大事件"等。

2. 观看电视剧，比较情节异同

此外，还可以借助1986年版电视剧《西游记》与原著进行比较，进一步熟记并巩固情节。绘制思维导图，把情节呈现出来。

3. 自主思考，勾连前后

新课标中提到"有自己的情感体验"和"能说出自己的体验"，这个"体验"不能缺少思考的过程，没有思考的过程不是阅读，因此，在整个的过程中，学生的思考是需要随时在线，如阅读孙悟空去向铁扇公主借芭蕉扇时，学生提问："为什么太上老君和铁扇公主都有芭蕉扇？"通过查阅资料得知，芭蕉扇有两把，一阴一阳，一把灭火，一把扇火。

书中有不少前后照应的情节，也需要加以思考。如火焰山的前世今生，为什么铁扇公主不肯借扇子，都跟前后情节相关。这些思考的内容容易激发起学生的阅读兴趣，对情节的把握也更牢固。

再如，第五十回独角兕的来历比较蹊跷，但不像其他的妖怪到最后才揭晓，在故事的叙述中，它的"圈"一直在暗示它的身份，教师就可以设置问题：凭借五十、五十一回的信息推断独角兕和太上老君有关，一一列出并结合前文加以分析。

推断是根据事实或前提进行推理判断事实的因果关系，我们在过程中多次运用问题引导学生讨论。讨论基于对情节的掌握，也需要一定的评价和创造能力，本活动同样可以进行按目标分类教学，限于篇幅，此处不加详述。

（三）与人物形象理解相关的教学实践活动

马斯洛的需要层次理论指出人的第六个需要层次是审美的需要，它是"对美丽的需要"以及"对我们所拥有的体力、智力及精神世界保持平衡的需要"。学生可以为自己喜欢的人物撰写介绍、制作手牌和绘制图片,满足审美的需要,同时更加深入了解人物及其相关事件。

1. 撰写人物介绍

撰写人物介绍的活动可以提高学生对人物的理解能力、语言的整合能力,在介绍的过程中可以采取这样的方式:概括+细化,整理+总结。

概括+细化。先用概括的语言整体勾勒人物特点,再以具体的故事情节来细化分析,这种方法有利于学生立体、全面地解读人物。包括人物形象、相关篇目、相关情节。

整理+总结。先整理相关任务的相关内容,再通过自己的理解,用总结人物形象的方法来呈现,如读第四十回至第五十二回,对比解读妖怪结局,并思考为什么会出现这样的不同结局。第五十三回至第六十回,也可以比较阅读相关的形象,如女性的形象,并且从多角度分析人物。

2. 制作西游手牌、绘制图片

心理学表明:学生通过直观的图像能更快速深刻地进行记忆。给学生充分的自由,为自己感兴趣的人物绘制插图,以表现人物的特点和经典性的动作或用云朵方式写出经典性的语言。

(四) 与主题理解相关的活动

"灭心魔,修自心"主题的举例分析。

孙悟空是作者倾尽全力塑造的伟大英雄,作者把自己的心思意念和遭遇困苦写在孙悟空身上。在天庭为官不被重视甚至成为笑柄,这对想有一番作为的孙悟空而言是无比痛苦的,在退而求其次也不能满足的情况下,借着酒劲大闹天宫,要改造天宫的规则和秩序,只不过最后以被压五行山而告终,就这一段,皆充满悲剧的色彩。但是,从全书来看,更侧重的是孙悟空的自我抗争。全书分为三个部分:孙悟空大闹天宫、被压五行山、西行取经成正果。这实际上隐喻了"修心"的过程,谁人都有"心魔",人生的过程就是消灭"心魔",完成放心、定心、修心的过程。在古代的神话中,如一个人的恶念或某种执念强烈到一定程度,就会成为另外一个自己。

针对这个主题,开展两项活动,一是论坛讨论,在小说中如何体现这个主题,试举例分析,如"真假美猴王"这一内容;二是举例说明自己在现实生活中有没有什么执念,影响了自己的言行,该怎么与之搏斗,战胜心魔,成就新的自己。

通过以上活动,学生能够明了"小说与自己生活的关系"。

另外一个主题"对信念的执着追求"可以仿照以上路径进行分析和解释。

四、基于教学实践后的作业案例分析与探索

(一)作业的不同呈现

主要作业集体设计、集体完成并向全班同学呈现。2~4人一个小组,设计的作业题目有:选择任何一个情节,结合自己的生活或者听说的别人的生活在保留原意的条件下重新编写一个故事;区分"心魔"和"信念"的不同。

(二)作业评估要素

1. 教师对小组测验的评估

评估方向包括:情节、语言、吸引力、创造性,分别占到一定的比例,除了赋分,还需要写清楚得分原因。①

2. 相应的趣味测验

匹配题,将右边的人物和左边的情节配对。

(三)结合"综合运用"题进行考查

上海市2022年初三调研的"综合运用"这块,将综合运用和整本书阅读放在一起考查,有对"事实性知识"的考查,也有对"程序性知识"的考查,不仅是能够识记一些细节,也要针对人物进行评论,或者写推荐语,谈论名著中某一句话在生活中的意义,这是属于"运用"这个知识维度。

统编教材规定中学生要求阅读十四种名著,是否都能用目标分类学理论指导教学,有没有更有效的教学策略,需要在后续的教学实践中思考和落实。

---

① 邹佳叙:《基于布鲁姆教育目标分类学的中考语文试题评析》,载《教育测量与评价》双月刊2020年第5期。

不只是悲悯：走近他们，温暖他们

——以任务驱动探究语文七年级下第三单元的"小人物"

摘要： 部编版语文教材七年级下册第三单元选择了"小人物"主题的四篇课文，前三篇为现代文，笔者开展项目化学习活动，设计了一个驱动型的任务，让学生读懂并书写一个普通人的故事，开始现代文的学习。过程中设计了四个小任务，让学生对他们所处的时代、他们的悲剧色彩、闪光之处进行深入解读，并借用解读的路径学习《骆驼祥子》，最后为身边的普通人写故事。

关键词： 项目化学习　小人物　驱动型任务

夏雪梅认为，当一个人直面生命中真实的知识与学习，才能持续追求并坚持学习，寻找更多的学习机会。奇泽姆认为素养就是应用自己的所知完成特定的任务或问题，有能力在不同的情境间进行迁移。如今推行的项目化学习就是让学生在一段时间内通过研究并应对一个真实的、有吸引力的和复杂的问题、课题或挑战，从而掌握重点知识和技能。[①] 笔者借助七年级下册第三单元，开展"为身边人立传"的项目化学习，从而让学生对文学作品中"小人物"这类题材的作品有深刻的认识，驱动阅读类似的文学作品。

七年级下册第三单元导语是这么写的：本单元的课文都是关于"小人物"的故事；这些人物虽然平凡，且有弱点，但在他们身上又常常闪现优秀品格的光辉，引导人们向善、务实、求美；其实，普通人也一样可以活得精彩，抵达某种人生的境界。

结合单元教学目标和课后思考练习，贴合当下青少年身心发展特点，

---

① 夏雪梅：《项目化学习设计》，教育科学出版社2021年版。

将传统的、文化的、审美的经典阅读融合时代的、多元的、充满生趣的探索，使"人"的成长与优美散文的学习融于一体，经受思想的洗礼，会书写大写的"人"。

本单元"名著导读"安排的名著为《骆驼祥子》，祥子和本单元所选课文写作对象一样，都是属于社会底层的小人物，名著可以作为本单元项目化学习的拓展篇目。

本单元教学采用项目化学习的方式，设计相关活动，学会"小人物"这类题材的文章的学习，同时引导学生关注人性的美好，形成良好的人格，弥补情感教育的缺失，使学生的目光不只停留于英雄人物和明星，对身边的普通人拥有人文关怀，践行2021年《义务教育语文课程标准》中提出的语文课程要对学生思想情感起到熏陶感染作用的要求。

教师首先要创设真实的学习情境，提出驱动型问题，在项目开始之初为学生提供完整的项目学习方案；使学生有"项目学习的主体是自己"的观念，在教师任务的驱动下完成学习并拓展延伸。

本次项目化学习活动设计的驱动型的任务是：如果你的生活中也有一名貌不惊人、微不足道、职业普通的人，请你为他写一个故事。为了完成这个故事，分阶段进行活动，设计了五个小活动，以下是活动的过程。

一、查找背景，了解每个人身后的苦难故事

《阿长与〈山海经〉》《老王》《台阶》这三篇文章的主人公，都散发着一定的悲剧气息，虽然造成苦难的原因各不相同，在不同的时代里，他们有着各自的不幸，根据以上内容设定第一个驱动性任务：结合课文，课外查阅资料，了解每个人的苦难故事。

阿长，鲁迅称她为"长妈妈"，浙江绍兴东浦大门溇人。她是鲁迅儿时的保姆。长妈妈的夫家姓余，有一个过继的儿子叫五九，是做裁缝的，她只生了一个女儿，后来招进了一个女婿。

"长妈妈只是许多旧式女人中的一个，做一辈子的老妈子（乡下叫做'做妈妈'），平时也不回家去，直到了临死。"长妈妈患有羊癫病，1899年4月"初六日雨中放舟至大树港看戏，鸿寿堂徽班，长妈妈发病，辰刻身故"。

鲁迅对长妈妈怀有深厚的感情,在《朝花夕拾》中,有好几篇文章回忆到与长妈妈有关的往事,其中《阿长与〈山海经〉》是专门回忆和纪念她的。

其实,这个来自东浦的长妈妈身材矮小,周家原先的保姆个子高大,按周家工友王鹤照的说法:章福庆的老婆阮氏——"庆太娘"才是真正的长妈妈,只是叫惯了,也把东浦的那位叫做长妈妈。

一个没有自己姓名的保姆,寄居在主家,虽未曾有记录的苛责、虐待,但背井离乡、寄人篱下,其境况自然不佳,羊癫疯突发,客死他乡,也是令人垂涕的吧。

《老王》中的老王,也是没名没姓,一辈子很苦。靠一辆破旧的三轮车活命。"文革"期间载客的三轮车被取缔,他的生计就更加窘迫,只能凑合着打发日子。他打了一辈子光棍,孤苦伶仃,仅有的亲人不是死了就是"没出息",眼残遭人嘲讽。他住在荒僻的小胡同里,小屋破破烂烂的,眼睛又不好,最后孤单单地离世,令人唏嘘。

《台阶》中的父亲,渴望尊重却并未真正实现。他用了一生的力气造好象征地位的新台阶,却没有因此改变自己的地位,也没有获得想象中的别人的尊重,他怅然若失,反而失去了原来的自在和邻里之间的平等和谐,忙碌了一辈子一旦闲下来无所适从,茫然不知所措,让人同情叹息、感慨良久,陷入深深的思考。

这是了解"小人物"这个群体的第一步。

二、深入解读,发现底层人品质的闪光之处

鉴于以上理论分析,我设计了第二个驱动型问题:有学生读完了本单元的文章,对"小人物"是这样认识的——小人物就是无足轻重的人,对社会发展的作用也远远不及第一单元学到的邓稼先、闻一多等,写不写也无所谓,阿长、老王、父亲不乐意了,纷纷有话说,他们会说什么呢?

阿长:我虽然喜欢切切察察,谋害哥儿的隐鼠(老鼠看着怪恶心),睡觉摆成"大"字,挤得他睡不好,虽然有时候喜欢说些不着边际的故事,但是只有我最关心哥儿喜欢啥,需要啥,我费尽心思为他买来《三哼经》,只要哥

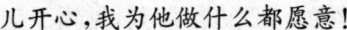

儿开心,我为他做什么都愿意!

老王:杨先生一家待我如亲人,我关心他们、操心他们家的事,为他们做些体力活,心里才舒坦,我知道自己快不行了,把省吃俭用下来的香油和鸡蛋送给他们,主要要在走之前,再好好看他们一眼,这一别,就是永恒了。

父亲:我家台阶太低,台阶低,在农村,就不被人尊重,不行,我要改变这种状况,但是我家穷,这是无奈的现实,我该怎么办?我要通过能赚钱的方式赚钱,把能攒的钱攒下来,我要准备砖、屋基卵石……经过大半辈子的努力,我总算造好了房子,造起了九级台阶。

阿长的淳朴、温情,老王的忠厚善良、吃苦耐劳、知恩图报,父亲的吃苦耐劳、坚韧不拔是中国传统美德,在这些"小人物"的身上体现得淋漓尽致。

通过这一项活动,学生认识到小人物身上的美好品质,践行语文课程标准中提出的"语文课程应通过优秀文化的熏陶感染,促进学生和谐地发展,使他们提高思想道德修养和什么情趣,逐步形成良好的个性和健全的人格"这一要求。

三、比较分析,理解写作者留迹的深层缘由

驱动型任务三:假设鲁迅、杨绛、李森祥三人有过交集,彼此互为微信好友,鲁迅写完《阿长与〈山海经〉》发了一条朋友圈——"我的保姆,长妈妈即阿长,辞了这人世,大概也有了三十年了罢,这么多年我时时想起她,终于能用这篇文章纪念她,让她永恒。"杨绛和李森祥对此会怎么评价呢?

这是一道开放性的题目,主要让学生探究三位作者写三个人物的深层缘由,为下一个活动:书写普通人的故事作铺垫。"言为心声",怀人的作品必然融入了作者多年以后的深挚的情感,我们在书写别人的故事的时候,要想达到感人至深的程度,必然也要融入真挚的情感。

钱理群分析阿长形象的时候,甚至觉得成年鲁迅回忆这段童年生活时,对长妈妈的"迷信"思想都凝结着真挚的浓浓的爱意,她的"福橘"、吉祥话,都不只是对自己生活的期待,也是为了鲁迅的幸福。这是成年后四处奔波碰壁、遭遇人情冷暖的鲁迅格外珍惜的。

杨绛经历时代和命运的剧烈起伏,对人性的认识更加深刻,见惯了颠倒黑白、蛮横无理的人,她更感念在苦难岁月中保持高贵人性,在自己落难时释放善意,甚至施以援手的普通人。

因为自己没有意识到老王最后一次的告别的深意,只是以金钱回报,作者感到了难以释怀的愧疚,以至于多年后依然耿耿于怀,体现了一位知识分子可贵的自省精神。

李森祥写《台阶》,反映的不只是"父亲"的命运,还有贫穷的农村里一辈子面朝黄土背朝天辛苦劳作却仍然很难改变自己命运的许许多多的农民,他们勤劳、坚韧、自尊,却免不了依然在苦难的命运中轮回,这是宿命,很难更改。

以下是活动过程中学生的回答:
丁同学小队

杨绛:

老周,可喜可贺啊,用自己的文章纪念自己想念的人。就像我遇见的老王,他陪伴我的时间自然没有你那长妈妈陪你的时间久,但是他那热心肠、淳朴而又老实的性格啊,临终前的送鸡蛋香油啊,也让我像你忘不掉长妈妈一样忘不掉他啊,想起来,心里还有许多隐隐的不安。

彭同学小队

杨绛:

鲁迅先生,听见您一番话,我不禁想起了我的丈夫、我的孩子和那位曾经对我们如亲人般的老王,在慢慢长河之中,人生路上总会有不完美,总会有离开,希望您的这篇文章会安抚在天之灵,也希望那位老王也能收到我给的"来信"。

李森祥:

鲁迅前辈,长妈妈一定是您的一位很好的保姆,不,应是亲人。我的父亲则维持这老一辈人的坚韧和谦卑,给了我许多看不见但感觉得到的爱——来自父亲深沉的爱。长妈妈对您也是一种如母亲般的爱。鲁迅前辈,长妈妈看见您这篇文章一定很高兴!希望,这些平凡而不平凡的人永远在天堂得到慰问。

李同学小队

杨绛：曾经也有一个对我们很好的人，可是现在已经不在。他曾经对我们如亲人，就如同阿长对你像对待自己的孩子，可我却只把他当一个蹬三轮的底层劳动者。他对我们是满满的亲情，可我对他只是怜悯、同情。我其实挺羡慕你的，你还在之前有机会报答，有机会对她产生"空前的敬意"，我却再也不能为他做些什么。他在临死之前还想着给我们送来鸡蛋、香油，就像阿长即使自身不识字，也要费尽心思为你买《山海经》。他对我们的照顾无微不至，我由衷地感到惭愧和感念。现在我要做的，也就是祝福老王，祝福阿长，愿他们能够在九泉之下，过上真正快乐的生活——过上真正希望过的日子，见到真正想要见到的人。

任务四：总结"小人物"主题作品的阅读路径。

这类作品的阅读路径为：了解这类人物的命运发展轨迹，理解其悲剧意味；找到人物身上的闪光点，进行归纳和拓展；探究作者的写作目的。

四、由此及彼，使用以上路径完成《骆驼祥子》的阅读

本单元"名著导读"板块是《骆驼祥子》。我们可以用这个路径进行《骆驼祥子》的阅读。

关于小说主旨可以设计这样的任务群：①如果祥子来到今天的北京，他将会有怎样的人生际遇？②结合祥子每天的工作内容，请帮助祥子写一篇工作日记，题目为《最难忘的一天》，重点描写祥子的心理活动。③祥子的微信通讯录有一些人坑害、算计过他，祥子想把他们拉黑，他会把哪些人拉黑，为什么？④祥子在自己的微信朋友圈发了三次极其夸张的痛苦的表情，这是为什么呢？

关于人物形象可以设计这样的任务群：①祥子在自己的微信中备注基本信息，请以祥子的口吻，用文字描述他的相貌、喜好、性情，他的基本信息会有变化吗，会在什么情况下有更新？②根据你对作者刻画人物形象的理解，为祥子微信好友通讯录中人物设计昵称和头像。

通过这些任务的设计,学生对祥子所处的社会环境、祥子的悲剧、小说的主旨都有清晰的认识,在活动中轻松完成阅读任务。

五、延伸拓展,为名不见经传的人"著书立说"

在初中语文教材中,有关"小人物"的作品有不少,如《孔乙己》《社戏》等,有的可悲、有的可敬、有的可爱,无不写得惟妙惟肖,令人难以忘怀,在同学们的身边,也有很多平凡却有着可敬品质的人,学习了这个单元,在教师引导下阅读了课外相似主题的文学作品,完成任务五:试着为身边的人写一个故事,表达自己的情感。写作活动的开展如下:

(1) 通过采访,了解人物生活的时代背景。
(2) 收集素材,确定写作的中心。
(3) 处理详略,选择恰当的材料。
(4) 细处入手,表现人物神韵。

示例:快递小哥的罗曼蒂克

快递小哥来自贵州山区,在上海两年,风吹日晒饱经风霜,曾因车祸受过两次伤,一次撞断了肋骨休息了一个月,差点失去工作,但是不管怎样,总喜欢在送货箱上插一株采来的红豆,绿色的车身、绿色的工作服配上火红的红豆,充满了生活的气息、蓬勃的活力,小哥的罗曼蒂克深深影响了两点一线、生活枯燥的小作者。

小作者通过与他交流,了解了他老家的情况和来到上海后艰难的生活,确定了表现人物的乐观和豁达,重点写他对生活的热爱,从肖像、语言、动作三个方面表现这个个子不高、喜欢憨笑的小哥的形象品质。

生活中让人感到可敬的还有疫情中的居委会工作人员、封闭小区的志愿者、保安大叔,都是了不起的"小人物",很多也成为学生笔下的"传主"。

项目化学习指向学生的核心素养,运用相关知识,为学生提供丰富的学习工具,帮助学生自主探究沟通合作,以丰富多样的形式进行评价,培养快乐奔放、思维自由的孩子,值得进一步推广。

如何使用教材发展学生思维

摘要：语言课程中的思维教学目标的实现，要在语文活动中提高逻辑思维能力，本文参照王荣生教授的语文思维教材选文的分类，主要包括三种可能的选文："例文""样本""用件"，对部编版教材进行选择和运用，以单元教学的方式对学生进行逻辑思维的训练。经过一段时间的训练，学生能够根据相关的示例对文本语言进行解读，从而掌握情感和思想，逻辑思维能力有一定程度的提高。

关键词：核心素养　语言建构　逻辑思维发展　语文教材

语文核心素养提出以后，专家学者们对其概念进行了界定，王宁教授指出"语言建构与运用是语文课程唯一的本质"，这句话有理可循，因为思维需要以语言作为工具和表现，审美的对象是语言作品，文化的重要载体仍然是语言。语言实践、语言积累、语言梳理、语言整合、语言文字特点、语言规律、语言经验、语言情境等构成了语言建构与运用的内涵，引领了整个语文教学。语文课堂以语言建构和运用为核心，是语文课程应有的特质。

2014年语文课程标准正式提出语文核心素养这一理念，为语文阅读思维的培养确定了方向。当前一些语文教师对思维学知识了解较少，也不够重视思维理论的学习，也映射了语文核心素养理念在语文学科中渗透不足，缺少发展学生思维素养的认识。一些教师在教学方式方法上相对传统，发展思维的工具运用得并不多，语文课堂只是偶尔引导学生进行思维发散，并不能为学生提供足够的时间梳理文章逻辑，从而导致学生在阅读时虽有自己的见解但思维发散受到局限，深刻度也不够，学生阅读缺少对阅读内容的深刻性挖掘，很难主动察觉阅读文本的深层次意义。因为长期以来的"填鸭式"教育，学生阅读过程侧重结论，所以思维缺乏辩证性，从而影响他们的表达。课标指出语文教学"应培养学生掌握和运用祖国语言文字的能力",明确了"说"的重要性,在课标第二部分"课程目标"之"总目标"的第4条强调"在发展语言能力的同时,发展思维能力",指出了语言和思维的关系。

语言建构与运用目的在发展思维能力,而思维教学的基本内容具体说就是教材的问题。所以我们应当谨慎选择教材文本,从而发展学生逻辑思维能力。思维教学的内容具体说就是教材的问题,参照王荣生对语文教材选文的分类①,思维教材主要包括三种可能的选文:"例文""样本""用件"。

一、选择例文,以合宜例证,促进知识直观理解

"例文"就是合宜的例证,好比是直观的教具。通过"例文",我们可以在思维知识目标已经明确的情况下,选择合理的例子使学生来直观地理解知识。"例文"比较适宜于思维知识的教学。目前在文章的选择上,一些教师的分类意识不强,还是根据篇目一教到底,教材应该选择那些比较重要、争议少的、研究也较充分的思维类型来组织内容,以点带面来勾勒思维能力的大致版图。比如概念问题是逻辑思维中研究比较多的一个内容,概念是逻辑思维的基本单位,语言中的词语是概念的物质载体,学习和使用词语意义的过程就是掌握概念并且运用概念进行思维的过程。② 我们据此就可以把"了解概念和词语之间的关系,提高概括化思维能力"设定为提高逻辑思维能力的一个教学目标,在教材中设置一个模块,如部编版教材六年级下册第五单元有一篇议论文、一篇记叙文、一篇科幻小说和一篇古文。这一单元正好可以用来作为提高逻辑思维能力的一个系列的范本。叶永烈的《真理诞生于一百个问号之后》是议论文,文中一些副词和关联词能很好地揭示句子和句子、段落和段落之间的关系,关注这些词语,就能理清彼此之间的关系,引导学生对课文内容进行概括,理解作者的行文思路,从而提高概括能力。《表里的生物》是一篇记叙文,反映了一个孩子对未知世界

---

① 王荣生:《语文科课程论基础》,上海教育出版社2003年版。
② 徐默凡:《语文学科中的思维教学初探》,载《语文学习》2005年第1期。

的好奇和探索的过程，我们同样可以通过一些表示关联词、副词概括父亲和孩子的形象，人物的言行通过成年后的作者的笔再现，加入了许多的理性的认识，所以才有了这些词语，而正是这些词语给我们呈现了人物的性格特点。比如，"父亲一把表放在桌子上，我的眼睛就再也离不开它"，"一……就……"表现出一个孩童对表的好奇。再如，"这样的话我不知说了多久，也不知道到什么时候才不说了"，这是成年后的我对于当时的好奇心的怀念，为好奇心的失去感到失落。诸如此类的词语还有很多，学生自己寻找自己分析，便能把握文章所要表达的主要内容。

二、选择样本，深入剖析文章范例，在课堂活动中内化思维

"样本"就是一类文章的范例，通过对一个"样本"的写作思路、文章格局进行深入剖析，学生可以类推掌握阅读和写作同类文章的思维方法。"样本"比较适宜于思维能力的教学。

朱智贤认为思维借助语言呈现，思维的过程受认知结构中相关符号的影响，在这个过程中反馈是很重要的一个环节，它推动综合分析的过程不断前进，所以，在思维的过程中，教师指导学生独立思考，在自我监控的过程中学会分析问题，解决问题，进而实现思维的内化。一些教师由于课时紧张、对学生能力不信任而越俎代庖，不肯借用一定的媒介来发展思维，所以学生往往思维僵化，做阅读题时举步维艰。

我们用选文的方法来组织教材，那么通过提示、活动或练习来对选文进行精细的加工，能使这些教材更好地配合我们完成教学目标。离开了教学设计的选文只是一篇普通的文章，要想让教师和学生依靠这些没有内在联系的文章去摸索实现教学目标的途径，很困难。

重视选文加工更重要的作用。在很多情况下，选文本身的内容和形式不是选文优劣的评判标准，而利用选文实现教学目标的效率和便利程度才是真正的衡量标准。这样一来，择定选文的理由就只能在选文的加工过程中显现出来，如果没有深入的加工，教材文本未必能针对学情发挥最大的作用。对选文加工结果的明示程度则是一个最值得探讨的艺术问题。明示得多了，教师上课就成了照本宣科；明示得少了，选文意图就有被误导的

危险。对于思维教学来说,教学目标主要是能力的提高而不是知识的掌握,所以我们设想了一种选文加工结果的呈现方式,就是课堂活动。所有的选文,都处理成有一定目标导向的课堂活动。列出活动的主要步骤,教师的主要工作就在于组织活动、引导学生和归纳总结知识。

以《表里的生物》为例,可以用"虽然_____,但是_____""因为_____,又因为_____,所以_____"等形式进行归纳。如猜测的过程可以归纳为"因为已有的经验,又因为怀表发出声音,父亲不让我动,所以我猜测表里有个活的生物";猜测证实可以归纳为"因为我观察到表里有一个小尾巴,又因为父亲告诉我这是蝎子的尾巴,所以我的猜测得到了证实"。

这种活动,既能引导学生关注语言,又能用自己的语言进行概括,重要的是还能调动学生学习积极性。

再比如,部编教材强调单元设计,从整个单元考虑,可以学习写作思路和文章格局,可以类推掌握阅读和写作同类文章的思维方法。① 比如六下第一单元的单元目标为"把握叙事详略,体会作者如何抓住事物特点,详写主要部分,突出重点内容",选文《北京的春节》《腊八粥》《藏戏》为了突出本文的主旨,在选材和用墨方面都注重详略结合,通过这三篇"样本"的学习,结合作文训练,则能较好地训练逻辑思维能力。

详略结合或者说分清详略一直是作文布局的一个大问题,学生写作往往头重腹空忘点题,次要的部分写得特别多,到紧要处文章已经到达字数要求了,所以"猪肚"就无从写起了,学习了第一单元的课文,强化了材料为主旨服务,突出重点的知识点。

三、选择用件,增加选文篇幅,实现能力的巩固和迁移

"用件"就是提供知识、介绍资料、重视信息内容的选文。通过"用件"的内容,我们可以直接传授思维知识,或者由内容触发相关的讨论,在活动中提升预定的思维能力。思维教学的目标是提升能力,而能力的提高不能

---

① 教育部:《义务教育语文课程标准(2011年版)》,北京师范大学出版社2012年版。

通过一次课堂的示范就能功德圆满,所以如果篇幅允许应该提倡教材尽量多地提供选文,同时必须说明使用选文的方法,使学生在课堂之外,能获得足够的练习以实现能力的巩固和迁移。目前教学中按部就班讲授知识点比较多,知识迁移比较少,学生就事论事能力和记忆能力比较强,但遭遇新的语境则不会分析,这就是思维能力没有得到提升。此外,充足的选文还可以为教师的个性化教学提供自由选择的可能性,也可以为不同程度的学生课外自学提供有效的帮助。沪编版教材有些选文如《羚羊木雕》《精神的三间小屋》《在那颗星子下》《"诺曼底"号遇难记》《沉船之前》等都是名家作品,在语言方面、构思方面都很有特色,也可以作为语言建构与思维发展的优质教材,如《沉船之前》中音乐家的"落脚之地"就颇值得玩味,《在那颗星子下》中描写"我"临考抱佛脚的比喻等修辞手法,对于把握"我"的形象和心理很有帮助。

另外,每一篇课文后,编者都会补充"用件",以增加语言知识,如七上第一单元,《春》的语言特色为多用比喻,课后则介绍了比喻的各种用法,《济南的冬天》语言特色为多用拟人,课后介绍了拟人的用法,《雨的四季》后则介绍了"名词",第二单元的《散步》,课后介绍了"词义和语境",对于发展学生语言建构和运用的能力大有裨益。

在新课程标准下,在语文核心素养的要求下,学生思维能力要求需要进一步的提高,这就需要我们在日常教材的使用中着重于语言的建构,通过建构语言发展逻辑思维,思维的发展能促使写作能力的提高,但在教学的过程中就需要我们摒弃传统的单篇授课的方式,以单元为目标,以一项能力的提高组织教学,因知识点选择课文,用好"用件",同时,组织有效的活动,注重能力的输出。

参考文献:

[1] 王荣生.语文科课程论基础[M].上海:上海教育出版社,2003:315-381.

[2] 徐默凡.语文课程中的思维教学初探[J].语文学习,2005(1):18-20+1.

[3] 叶佳琦.统编本初中语文教科书口语交际板块研究[D].包头:内蒙古科技大学包头师范学院,2020.

《城南旧事》整本书阅读教学策略研究

摘要： 本文选取林海音的儿童小说《城南旧事》作为整本书阅读的教材，采用"教读—自读—课外阅读"三位一体的教学体系，设计完整的课程进行阅读教学的研究，在阅读教学中采用小组合作的"对话教学"的形式，给学生充分的权利，对该小说进行深入的研究，并借以学习写作手段。

关键词：《城南旧事》 整本书阅读 对话教学 教学实践

"整本书阅读"已然是语文课程的重要组成部分，对其的理论与实践研究越来越系统化、越来越具有科学性，初中整本书阅读方兴未艾，如何选择适合学生年龄特点、认知特点的书进行整本书阅读，如何设计有趣的课堂、进行有效的教学实践，如何将阅读和写作很好地连接起来，是本文要回答的问题。

一、适应年龄，选择文本

十二三岁的学生，处于青春萌动期，自我意识逐渐复苏，个性张扬且日益突出，表现出强烈的求知欲、好奇心，形象思维发展迅速。《城南旧事》篇幅短小、结构精致，适合学生的心理特点，对培养学生阅读敏感力、情节梳理概括能力、人物形象分析能力、语言分析细节研究能力都有裨益，小说所叙述的故事贴合写作实际，它的叙事方式可以教会学生去观察并记录自己的生活，这是提高写作能力的有效抓手。

《城南旧事》由5个篇章构成，每一章都是一个小故事，作者以真挚的情怀和舒缓的笔触追述了北平城南的幼时记忆，表层结构是串珠式，深层线索是英子内心的情感，五个故事塑造了五个鲜活的形象，描绘了北京人的生活图景，表现了英子"清澈纯净、天真活泼、聪慧可爱"的性格，真实表达了英子对于人和事的思考。①

二、深究小说,对话阅读

对话主要指师生、生生、师生与文本之间开展的认知、指导、碰撞的活动,有效的对话阅读需要以平等为基础,教师尊重每一名学生,激励学生之间以小组的方式展开探讨和研究,给每一名同学表现的机会。对话教学要求教师对学生提出具有拓展思维空间力量的任务要求,能激发学生进行思考,允许学生向教师提出阅读过程中不理解的问题、提出和书中不同的见解。对话是双向、互动的,教师创造性地调节对话学习的节奏和步骤,根据学生提问内容进行整合、筛选,及时组织学生对问题加以自评、互评,使学生的学习主动而有效。

(一) 学生与文本的对话

1. 带着任务单,进行第一次阅读

《城南旧事》阅读任务单

1	整体感知故事,用自己的话概述五个故事
2	五个故事虽然人物故事不同,但结局是一样的,用一个词语来概括,就是_____
3	人物形象分析: (1) 书中写到了哪些人?把人物的经历用箭头指向的方式写出来 (2) 书中对女性故事落笔较多,作者对他们寄予了怎样的情感 (3) 你读了这本书,对哪一个人印象最深刻,为什么
4	比较:欣赏电影,说说哪个人物和你设想的一致,哪个人物差别比较大,说明理由

2. 关注细节,考查阅读情况

示例:

(1)《城南旧事》是由(　　　)写的。

(2) 本书主要写了主人公(　　　)岁时候的故事。

(3) 在"惠安馆"一章当中妈妈叫"惠安馆"是(　　　);宋妈叫"惠安

---

① 杨雪:《林海音小说艺术研究》,贵州师范大学学位论文,2019年。

馆"是(　　　)；爸爸叫"惠安馆"是(　　　)。

(4) 主人公最喜欢吃(　　　)。

(5) 秀贞的"小桂子"背上有一块(　　　)。

……

以上问题不具有大的难度，却对学生阅读过程的专注度要求比较高，课堂上，教师以竞赛的形式开展，阅读仔细与否，一查便知。这是进行以下师生对话的基础。

(二) 教师与学生的对话

教师与学生对话主要围绕两方面进行：一是小组合作，概括五个故事的情节；二是分析人物形象。

1. 概括故事情节

故事名称	主要人物	一句话概括故事情节
惠安馆	英子、秀贞、妞儿	秀贞曾与一个大学生暗中相爱，大学生回家后再也没有回来，秀贞下的女儿小桂子又被家人扔到城根下，生死不明。英子对她非常同情。英子得知小伙伴妞儿的身世很像小桂子，又发现她脖颈后的青记，急忙带她去找秀贞。秀贞与离散六年的女儿相认后，立刻带妞儿去找寻爸爸，结果母女俩惨死在火车轮下
我们看海去	英子、中年男子	英子又在新家附近的荒园中认识了一个厚嘴唇的年轻人。他为了供给弟弟上学，不得不去偷东西。英子觉得他很善良，但又分不清他是好人还是坏人。不久，英子在荒草地上捡到一个小铜佛，被警察局暗探发现，带巡警来抓走了这个年轻人，这件事使英子非常难过
兰姨娘	英子、爸爸、兰姨娘、德先叔	一个很有个性的兰姨娘投奔了爸爸，住在了英子家。英子慢慢喜欢上了这个手巧且善良的兰姨娘。可是英子不久发现爸爸喜欢上了兰姨娘并因此和妈妈生了嫌隙。为了让妈妈开心，英子设计撮合了兰姨娘和同住在家里的德先叔。不久德先叔与兰姨娘一起离开，爸爸若有所失
驴打滚	英子、宋妈、黄板牙	英子九岁那年，她的奶妈宋妈的丈夫冯大明来到林家。英子得知宋妈的儿子两年前掉进河里淹死，女儿也被丈夫卖给别人，心里十分伤心，不明白宋妈为什么撇下自己的孩子不管，来伺候别人。后来，宋妈被她丈夫用小毛驴接走了
爸爸的花儿落了	英子、爸爸	英子参加了自己的小学毕业典礼，同时爸爸生了肺病，不久于这个人世。毕业典礼回来，看着满院零落的花儿，听到老高的话，她清醒地意识到爸爸的花儿落了，自己已经长大了

概括故事情节中容易出现的问题一是不完整,二是不按照顺叙的方式进行概括,不容易处理好有插叙内容的故事,这些需要教师耐心引导和启发,并授之以方法。如抓六要素法,按照时间顺序整理法,谁在什么情况下做了什么这种格式也可以教授给学生。该过程不仅梳理了故事情节,为分析人物作铺垫,也让学生掌握了概括故事情节的方法。

2. 分析人物形象

这篇小说故事情节并不复杂,但人物形象对于一个孩子来说,未必能认识得多么深入,如大家都能认识到英子的纯真、善良,但对于内心的纠结、矛盾却不一定能完全理解,如厚嘴唇的中年人是好人还是坏人?宋妈到底爱不爱自己的孩子,黄板牙这样"渣"宋妈为什么还愿意和他一起过日子?同样是女性,兰姨娘和宋妈有哪些不同,造成不同的原因是什么?爸爸是一个什么样的人?

(三) 学生与学生的对话

完成这部分任务,教师采用了小组合作的方式,采用"同组异质、异组同质"的方式,将语文学习能力不同、成绩分层的学生搭配分组,这样有利于同学之间互相帮助、互相促进、共同提高,同时活动进度相对统一并保持组际之间的均衡性,有利于组际交流和竞争,有利于对各组学习活动的评价。在活动中,简单任务由学习能力较差的同学完成,需要重点讨论的难题由优等学生带领学生共同完成,教师指导,保证任务的有效完成,实现了学生与学生的对话。

学生与学生对话,思维碰撞,全方位地认识了爸爸的形象,爸爸对英子既严厉又慈爱,对儿女教育有方,对他人重情重义、常怀怜悯之心,热爱生活、追求进步,他的形象非常丰满,这正如我们写自己的母亲,既是自己的妈妈,又是外公外婆的女儿,是公司的员工,是邻居的芳邻,也可以是一个善意的陌生人,我们的写作思路就这样打开了。

三、学习"这一篇",读懂"另一篇"

《城南旧事》中的英子,遇到了很多命运悲惨的人,她们更多的是妇女和儿童,因为各种各样的原因面临着悲剧,而英子在这些故事里面,一直努力让自己参与其中,帮助他们摆脱生活的悲惨,或许,有些时候,结局并不一定是美好的,就像团圆了的妞儿和秀贞,最终还是遭遇车祸死去了,厚嘴唇的小偷还是被抓走了,但是英子对于美好生活的渴望和向往还在其中,她希望每个人能够有更美好的将来,所以,爸爸的花儿落了,她也长大了,承担起自己的责任,为了更好的明天而努力着。

萧红的《呼兰河传》用了很多的笔触去描写当地的民风、民俗、民生,在呼兰河的萧红是恣意的,恣意地活在孩童的世界里,她可以做一个小孩子,调皮地戳破窗户上的纸,或者去偷家里的东西,总是做着各种各样自己想做的事情。在萧红的故事里的人们,往往因为封建的制度、社会的愚昧而造成种种悲剧,这种悲剧与当时的民风、民俗是分不开的,而作者不是这些故事中最主要的参与者,只是一个旁观者,他们的故事带给"我"的,更多的是一种深省和思考。萧红是很反对并且批判这样的生活的,她渴望破除封建的制度,改变眼前的愚昧无知,摈弃这一切她所不喜的东西,去换上崭新的将来。

两部作品都是以女童的角度去表现当时社会上的各种各样的人生百态,也表现出了各种各样的悲剧故事,她们都试图以一种不那么悲伤的角度,去讲述一个个不那么美好的故事,生活也许就是这样,带着淡淡的悲剧,然后我们还得继续走下去,就像爸爸的花儿落了,我们该长大了,该承担起自己的责任,祖父也有一天会离我们而去,那些纯真的童年就像是开在记忆里的花朵,淡淡的散发着幽香。

两者具有一定的相似性,按照"教读—自读—课外阅读"三位一体的教学体系,学完《城南旧事》引导学生自己课外阅读《呼兰河传》,完成以下任务:书中写到的人物有哪些?做了什么事?有什么性格?作者对他们寄予了什么样的感情?规定一个月的时间完成阅读,每周摘录五句描写性或者哲理性的句子,一个月后进行读书会交流,以小组的形式进行汇报,每位组员都要发言。

参考文献:

[1] 张晨.从"儿童视角"探究初中语文教材的教学策略[D].武汉:湖北大学,2013.
[2] 杨雪.林海音小说艺术研究[D].贵阳:贵州师范大学,2019.

基于行动研究的教学探索

——运用"支架链"引导"小先生"自读课

摘要：鉴于自读课文在统编版语文教材中的重要性，笔者通过课题研究和教学实践并采用小组合作的"小先生"课，在提供"支架链"的基础上，引导学生"兵教兵"，完成课内自读课的授课和整本书自读，形成相应的课例，并在行动中提高学生文本解读能力、语言表达能力、思维能力，提升学生核心素养。

关键词：支架链①　"小先生"自读课②

自读课文在统编版语文教材中的重要性是不言而喻的，它所处的尴尬地位也是有目共睹的，为使自读课文摆脱被人无视或被上成讲读课文的处境，笔者通过建立研究课题，以行动研究为主要方法，以小组合作为组织形式，探索运用"支架链"引导学生上好自读课，形成"课内自读——整本书自读"的课例体系，并且在行动中提高学生文本解读能力、语言表达能力、思维能力。

运用"支架链"引导"小先生"自读课的行动研究包括：探索并厘清自读课的基本要素和教学引导思路；构建运用"支架链"的操作思路和方法；形成"支架链"式的教学引导途径和初步策略；提炼可复制、可供参考的典型案例。

---

① 支架链：为帮助学习者建构对知识的理解，提供一种由知识点或概念形成的框架。框架的构成就是各知识点相互链接。

② "小先生"自读课：课堂教学的一种方式，即在小组合作中，在教师引导下形成的"学生教学生"的一种课堂形式。

一、教学实践的背景和意义

自读课文是为了达到"教,是为了不教"的目的而特意设定的教学内容,是统编版语文教材的一个重要组成部分,用于连接教读和课外阅读,是"三位一体"阅读体系中不可或缺的一部分。但是,从统编教材使用以来,自读课文的教学存在各种各样的问题,有教师把自读课文当成教读课文来教;有的教师因为自读课文打了星号,不在考试命题的内容范围,所以置之不理。针对这些现象,不少专家进行了研究并提出了相应的策略。例如陈颖的论文《浅谈初中语文自读课自主探究能力培养》主要从确定自读课文探究的方向、培养学生自主探究的能力两方面入手,研究了学生探究能力培养的方法;桑莉的论文《学生自学阅读能力的培养分析》,从自读课文学习目标的规范、自读课文教学构思、释放课堂空间、教授学习方法、拓展课外阅读五个方面,阐述如何培养学生的自主阅读能力;孙少云的论文《浅谈初中语文自读课中学生自主探究能力的培养》,论述了初中自读课文培养学生自主探究能力的重要性并提出了针对性的措施。

通过搜索、了解、学习自读课教学和相关研究成果,笔者形成了不同的教学框架和实施的办法,也建立了一定的教学体系。存在的问题得到进一步解决,持续深入探索的方向得以明确。例如,对这方面授课方式存在的问题,共性认识是:过去,多数是偏向从教师的角度出发,很少从学生的角度着想,学生依然还是被动接受知识的群体,需要进行改革。笔者的研究和实践方向正基于此。

鉴于自读课的重要性和教学现状,笔者对自读课的授课方式变革进行了探索,建立并开展了运用"支架链"引导"小先生"上自读课的模式,以小组合作为主,在实践中不断反思、调整和探索,初步建立了"课内自读——整本书自读"的课例模式,运用"支架链"并通过学生自己课前的预习阅读、分析和领悟,自我构建对课文理解,强化学生自主解读文本的能力;教师在学生自主探究的活动过程中,运用小组合作的形式,指导学生给同伴上课,培养学生的表达能力,发挥引领作用;通过探索引导"学生教学生"的方式,为培养学生的知识架构能力提供一种新的课堂形式。

二、教学设计和实践的依据

该教学体系设计的依据主要是建构主义理论,我国近现代以来多位著名语文教育学家对于自主学习的相关论述,以及新课程标准的要求。

1. 建构主义认为,学习是建构的过程,是学生新旧经验之间一个双向交互作用的过程,是通过同化和顺应两种途径建构意义的过程。在教学观念上强调教学的理解性,重视教学的情景建构,重视活动与主体的交往,学生也应充分认识到自己具有发挥主体性的能力,学会自我管理,在教师提供一定支架的基础上,做学习的主人。[①] 在行动研究中,教师授课、备课的各项技巧就是为学生提供支架,引导学生做学习的主人。

2. 叶圣陶先生曾提出"教师是主导作用,益在于善于引导启迪,使学生自奋其力,自致其知",要求学生在教师的引导下,学会自主学习。

钱梦龙先生也提出"教读"的概念,指出教师要教学生读,"教读"常与"自读"结合进行,经历从"扶"到"放"的过程,最终是要使学生完全摆脱对教师的依赖,进入"自能读书,不待老师讲"的境界,达到终极目标:不需要教。[②]

在行动研究中,学生在教师的指导下,学会分析、理解课文,最终摆脱对老师的依赖,进入自主阅读的境界。

3. 新课程标准要求促进教和学方式变革,促进学生自主、探究学习,鼓励学生自主阅读、自由表达,本研究契合新课程标准的要求。

三、教学实践的路径与过程

"小先生"自读课根据自读课文的不同类型、学生的不同学情采取不同的路径与过程,并在实践中不断改进、完善"支架链",引导"小先生"自读课教学。

---

① 曾宪一:《曾宪一语文学堂》,上海科学技术文献出版社2014年版。
② 钱梦龙:《钱梦龙与导读艺术》,北京师范大学出版社2016年版。

(一) 自读课小组授课路径与过程

"小先生"自读课,按教学形式可以分为随机抽取小组授课、分项目小组授课等,按教学内容可以分为现代文和文言文两大类。在本项研究中,作为自读课的拓展延伸,整本书阅读,主要进行了《红星照耀中国》和《昆虫记》两本书的"小先生"课。

随机抽取小组授课流程:学生以小组为单位进行备课,按照格式写好教案(参见本篇文章后面的"附件一")、做好课件,课前开启转盘,抽到的小组上台讲课约20分钟;另外用10分钟接受其他小组提问或进行补充;此外,再用5分钟,让每个小组推荐一名同学进行点评(参见本篇文章后面的"附件二");最后,由教师总结、点评。本流程适用于现代文教学。

分项目小组授课流程:每个小组完成一篇课文不同内容的备课和授课,"教师为主导,学生为主体",学生备课之前教师针对他们的教案进行有针对性的指导,学生对教案进行修改,突出本堂课应该要达到的教学目标。本流程适用于文言文教学。(参见本篇文章后面的"附件三")

(二) 教师指导的路径与过程

教师在学生提交的教案中进行遴选时发现,有的小队侧重文言字词的积累,有的侧重人物形象的分析,有的侧重写作技巧的分析。在已有的学生教案基础上,教师进行具体指导,对教案进行修改和细化,指导的内容包括:

1. 对阅读方法和解读文章的指导。文章的阅读方法,包括:阅读题目、圈出重点内容(包括议论性语句、表示时间空间转换的词语、重复出现的词语、表示人物的心理变化和情感态度的词语等);关注课文旁边的阅读提示;记叙文阅读的一般方式;概括主要内容、梳理故事情节、分析人物形象、关注语言技巧。

2. 对授课的基本方法的指导。包括提问法、比较法、学生质疑法等方式,学生也可以自创教学和激励的方法、研究课后反思指导等。

教师指导学生围绕由知识点或概念形成的框架,构成各知识点相互链

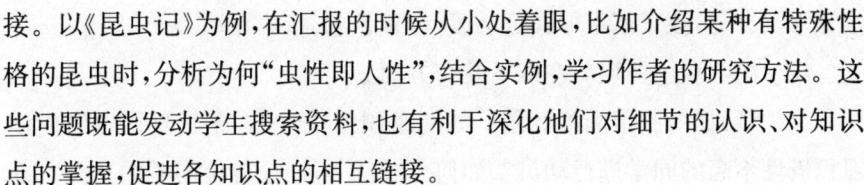

接。以《昆虫记》为例,在汇报的时候从小处着眼,比如介绍某种有特殊性格的昆虫时,分析为何"虫性即人性",结合实例,学习作者的研究方法。这些问题既能发动学生搜索资料,也有利于深化他们对细节的认识、对知识点的掌握,促进各知识点的相互链接。

(三)"小先生"阅读课的实施路径与过程

整本书阅读在初中阶段占有重要地位,但因为阅读内容多、课程时间紧,授课方式还在创新探索中。本文以《昆虫记》为例,采用"小先生"课的形式进行教学活动。

整本书阅读"小先生"课的操作流程:1. 提交小组阅读计划,规定阅读进度、明确阅读内容,开展阅读竞赛,在壁毯粘贴阅读进度表;2. 小组汇报,每个小组从小处切入,切忌宽泛、没重点;3. 学生反馈学习感受。

(四)教学实施路径过程案例分享

以下是《昆虫记》整本书阅读的操作流程。

过程: 阅读时间为11月19日至12月16日,12月9日布置整理好汇报需要的资料,12月12日每个小队带好一台笔记本,在课堂上完成资料的汇总,制作PPT。之所以采用这样的形式,是因为如果要在周末完成,会存在因队员的时间安排不一致,导致有些任务交托给某一位同学,其他人会置身事外的可能性,这样的话,小组合作就会流于形式,整理的资料就会不完整,有的队员就会没有学习经历和展示的机会。总共用两课时完成这一项工作。

教师感受: 鉴于上一次针对学习《红星照耀中国》的汇报不理想,这一次改进了方法,每个小队汇报的切入点比较小,研究更深入,听众受益也更多。虽然这次汇报的内容不多,但同学们对《昆虫记》中写到的特点比较突出的昆虫如萤火虫、象态橡栗象等,作了梳理,相互之间对昆虫的认识更加直观。在以往的活动中,小马小队输出的成果总是略逊一筹,但是这一次对昆虫的研究和汇报,其表现可圈可点。(参见本篇文章后面的"附件四")

男孩小队和女孩小队,汇报方式很不一样,女孩子中规中矩,搜集的图片非常漂亮，男孩子汇报形式更活泼，设置悬念、精彩互动。

学生的收获主要反映在以下几个方面。

组织者：如何制定阅读计划？如何组织组员学习，尤其是针对组内学习积极性不高的同学进行动员？如何分配任务，挖掘各位同学的长处？在多次的实践活动中，这些难题慢慢获得了解决。

分享者：在汇报的互动性上还有一些欠缺，需要向其他组员学习。虽然PPT上的精美制作程度上不亚于其他组，但缺乏和同学们的互动。666小队开头的猜昆虫活动一下子激起了我的兴趣，可惜举手慢了些，没有抢到回答机会。但这一活动以后，我想很多同学也能提起兴致继续听他们的汇报，而不是百无聊赖地听灌输的知识点。有了以往的经验和老师的提醒，我们不再将大段文字放在PPT上，而是学会了自信地看着PPT上的少量信息展开自己的讲述。

聆听者：从其他小队的分享中收获了以前不曾想到的方方面面。例如各种昆虫不同的细微的习性，法布尔对昆虫别具匠心的描写折射出昆虫和人类社会的种种共同特点……开阔了视野，还学会了从更多方面去思考事物。

这次分享绝对是一场"视觉盛宴"，浏览书上的文字描述是一回事，目睹真实的照片却是另一回事。首先，PPT上一张张昆虫的照片让我顿悟，看似不起眼的小昆虫原来也可以带给人不一样的美的享受。其次，在同学们生动地分享下，我对那些原本在我脑中只是模糊有点印象的昆虫有了更为清晰的印象。最后，我更加深入地认识到了法布尔严谨的科学精神，更加真切地体会到了他对昆虫的热爱和对生命的尊重，同时也了解到了他"以虫性照人性"的写作特点，对《昆虫记》整本书的理解也越发透彻了。

四、教学实践的探索结论

（一）课题研究要在教学中探索和完善

教师在"小先生"课开课之前，要教会学生如何进行备课。从阅读、理解课文到深思质疑，再到复述整理、分类归纳，教会学生关注学情和授课技巧。学生按照合作小组也可以根据兴趣组成临时小组进行备课。

(二) 支架链搭建要源于内容、面向学生

文体不同,小组合作的方式也应有差异。

现代文没有语言文字上的障碍,每个小组对该课文进行整体研读没有问题,因此可以采用大转盘的方式选取一个小组上台展示。文言文的备课量比较大,因此可以在所有小组提交教案的基础上,选择内容侧重不同的小组进行持续指导,修改教案,最后三个小组分别由两位代表开展教学活动。

名著阅读课每一小组派两到三位同学授课,一般组长会挑选表现机会不是很多的同学,因为名著阅读课相对更简单一些,对能力要求相对低一些。

(三) 教学中要重视"小先生"的作用

在"小先生"自读课的实施过程中,应充分发挥学生的主动性,他们是研读课文、备课、授课的主体,他们在教学过程中遇到问题,教师应给予充分的时间思考和解决。针对疑难问题,教师提供支架开展引导,切忌越俎代庖。教学的实施以提高学生能力为主要目标,所以要尊重他们的主体地位,发挥他们的作用。

(四) 自读课教学要形成有别于其他课的特色

"小先生"自读课是以小组合作为主要形式的学生自主授课,它不同于传统的小组合作。传统的小组合作中,小组是固定的,但是"小先生"授课的小组是根据内容的不同、组员兴趣的不同而随机确定的;"小先生"自读课也不同于以教师为备课、授课主体的讲读课,它是真正以学生为备课、授课主体,充分发挥学生主动性的形式丰富多样的课。

五、研究和实践后的反思

(一) 学生备课的参与性

"小先生"自读课实践伊始,学生们刚上六年级,感觉学习方式很特别,因此兴趣很浓厚,加上六年级学业负担并不重,所以利用周末时间进行备课,同学们积极性和效率都很高,而到了八年级,因为学业压力增加等原因,参与度降低。根据问卷显示,有21%的同学认为组长往往在把备课、讲课的任务下达给某个组员之后就不闻不问,导致最后呈现的备课质量比较一般。鉴于这种情况,笔者就把备课活动安排到语文课上,学生带好相关参考资料,在课堂上小组合作进行备课,允许带笔记本电脑以查阅相关资料,保证了备课的质量。教师也可以随堂指导,让学生减少盲目地堆砌资料,真正进入文本进行研究。

(二) 备课指导的针对性

因为"小先生"的学识、协调能力、组织能力水平以及准备程度等的不同,还有小组组员之间的差异性,导致每个小组的发挥各有优劣,小组在课堂的表现不尽相同,需要教师对比较弱的小组给予更多的关注和指导;活动不能只停留在"热闹"和走过场的阶段,教师要真正给出切实的指导,让每一个学生都参与,切实提高他们的各种能力。

(三) 教师角色的适合性

教师虽然在此过程中从台前到幕后有角色转换,但不代表可以放任自流,更不是说教师从此就轻松逍遥了。学生的认识能力如果比较低下、纪律性较差的话,自读课课堂非但无效,反而会造成混乱。所以教师一定要起到协调、指导的作用。

(四) 教师知识的完备性

新的教学模式要想顺利实施,就离不开正确理论的指导,教师是课堂的重要引导者,因此他们对这种教学方式的领悟和认识水平,对于课堂效果的好坏有重要影响。真正的合作是教师通过合理分配,引导全体同学参与交流讨论,并进行相关指导,进而实现目标。

在行动研究和教学实践中,学生在教师提供"支架链"的基础上,自主阅读、自主备课、上台授课,体现了他们的学习能力也提升了他们的学习能力,为自读课和整本书阅读的授课方式提供了新的范例,是教学上的变革探索。

本课题研究和相应的教学探索活动获得嘉定区相关主要部门和同济

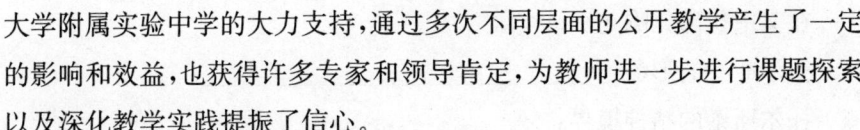

大学附属实验中学的大力支持,通过多次不同层面的公开教学产生了一定的影响和效益,也获得许多专家和领导肯定,为教师进一步进行课题探索以及深化教学实践提振了信心。

参考文献:

[1] 曾宪一.曾宪一语文学堂[M].上海:上海科学技术文献出版社,2014:17.

[2] 钱梦龙.钱梦龙与导读艺术[M].北京:北京师范大学出版社,2016:47.

附件一:第8课 《列夫·托尔斯泰》教案

第8课 《列夫·托尔斯泰》教学设计

同济大学附属实验中学 八(4)班 乘风破浪小组

教学目标:

了解列夫·托尔斯泰的形象及精神境界。

教学重点:

理解作者对托尔斯泰的外貌刻画及本文的写作手法。

教学难点:

深层次认识托尔斯泰的精神境界。

教学过程:

一、导入

你读过《复活》《安娜·卡列尼娜》等优秀作品吗?今天,让我们一起认识茨威格笔下的列夫·托尔斯泰。

二、教学过程

(一)了解人物的品质

任务:列夫·托尔斯泰是个外表(　　)却拥有(　　)的内心/品质的人。

(二)通过对字词的品析深层次认识人物形象以及内在精神。

1. 深入品析茨威格笔下的列夫·托尔斯泰,了解外表和心灵的反差,从而了解欲扬先抑的手法和列夫·托尔斯泰的心灵和品质。

在文中找出比喻句。

托尔斯泰的形象：_____。

托尔斯泰的精神境界：_____。

2. 文章的语言特点。

3. 了解文章中心思想和列夫·托尔斯泰的品质以及作者所持的态度。可以小组讨论。

三、总结

作者对托尔斯泰的品质有直接的表达和议论，可以说是文章的点睛之笔，齐读，直观认识托尔斯泰的精神境界。

四、板书

托尔斯泰的形象：_____。

托尔斯泰的精神境界：_____。

5个语言特色：_____。

五、作业布置

附件二："小先生"自读课教学质量评分表

课题：_____　　记录与评价人：_____

评价方面	评价细则	评分
语言神态	语言流畅，姿态大方（20分）	
师生互动	关注同学，及时反馈，适当提问（20分）	
课堂设计	重点突出，环节清晰，难度循序渐进（25分）	
问题设置	难度适中，有趣有效（25分）	
PPT与板书	板书简洁，字体优美，PPT字体适中，画面美观。（10分）	

建议与提升：

附件三：教师对学生准备的文言文教学课案的修改示例

(二) 第二小组带领同学们认识周亚夫和文帝两人的形象
《周亚夫军细柳》教学设计
同济附中　　TOP GIRLS 小组

教学目标：了解人物的品质和志趣，用心感受古人的智慧与胸襟。
教学重点：阅读作品，用心感受古人的智慧与胸襟
教学难点：理解人物形象
教学过程：
一、导入
人应该有怎么样的品格与志趣？或以睿智雄辩论述人生理想与担当，或以奇特想象寄寓不凡的追求，或以生动事迹彰显任务品格，或以诗意语言书写人生感悟与思考。让我们一起阅读古文《周亚夫军细柳》，来了解将军周亚夫的形象。
二、教学过程
(一)　通读课文
任务：概括情节，分段，联系上下文理解词语意思

（手写批注：1. 问：这篇主要写了一个什么故事？把→概括故事情节）

(二)　分析人物品质
1. 问题：这篇文章时通过什么手法来表现人物品质的？从哪些词语可以看出？
答案：对比一：细柳军与霸上军和棘门军
（手写批注：随文释义）
"军士吏被甲，锐兵刃，彀弓弩，持满。""不得入""又不得入""乃传言"——军容严整，常备不懈，严防以待，军纪严明、"直驰入"——军规松弛，守备松懈。

（左侧手写批注：1. 周亚夫是一个怎样的人？是怎么看出来的？）

对比二：文帝及随从入营
"将军约，军中不得驱驰""天子乃按辔徐行"——治军有方，令行禁止。"直驰入"——军纪松弛。

（左侧手写批注：2. 汉文帝是怎样的？是怎么看出来的？）

对比三：三营将领
"持兵揖"、"以军礼见"和"将以下骑送迎"——众将士受宠若惊，竭尽逢迎之能
2. 问题：汉文帝总共慰问了几支军队？分别受到了怎样的待遇？体现了军队怎样的特点？请从原文中找出相关语句来作答。
答案：三支军队：霸上军、棘门军、细柳军
霸上军、细柳军：直驰入，将以下骑送迎军纪松弛、阿谀奉承
一奇：军士吏被甲，锐兵刃，彀弓弩，持满。二奇：天子先驱至，不得入。细柳三奇：上不得入。四奇：介胄之士不拜

（左侧手写批注：3. 讨论：汉文帝为什么称周亚夫为"真将军"？）

（右侧手写批注：3. 周亚夫特点 完整）

3. 问题：文帝在细柳军并未得到"至尊"的待遇，而且处处都要服从军令，但他并不认为这损害了自己作为皇帝的威严，反而对周亚夫大加称赞。这一点该如何理解？
答案：文帝在霸上及棘门军，"直驰入，将以下骑送迎"，作者没有写出文帝对此的态度，但从下文推断，文帝起初对此是不以为意甚至认为理所当然的。但在细柳军，待遇完全不同，

附件四：小马小队针对学习《昆虫记》的研究、汇报要点

	歌唱家	清洁工 （以粪便为食）	同类相残 （交配后雌性吃掉雄性）	异性相吸	慈母心肠
	蝉：地下待四年，地上唱歌五六个星期	圣甲虫：肠道非常长，消化快	螳螂：生性凶残，捕食迅猛	大孔雀蝶：雌性能在夜晚引来远处的雄性	象态橡栗象：细心挑选产卵用的橡栗，保证幼虫食物充足
	蟋蟀：靠两片鞘翅相互摩擦发出歌声	西班牙蜣螂：喜静不喜动，易受惊吓	金布甲：毛虫的天敌，独居者	萤火虫：雌性发光吸引雄性	隧蜂：年长的隧蜂充当门卫，尽力保护后代

基于 UbD 理论的单元设计目标的确立

——以部编版教材七年级课文为例

摘要：UbD 理论中提出的逆向设计方法包括三个阶段，①确定预期结果；②确定合适的评估证据；③设计学习体验和教学。根据此理论，本文对统编教材七年级语文进行了单元目标设计的研究与探讨，并设计了一系列活动。

关键词：UbD 理论　逆向设计　单元设计　目标制定

逆向设计要求我们在开始设计一个单元或课程的时候，就要通过评估证据将内容标准和学习目标具体化。① 因此，我们在单元设计的时候，前提是要明确单元教学目标。

进行单元教学设计首先要明确教学目标。单元教学目标的制定不能仅仅考虑一单元的学习内容，应从课程的整体性全局性角度出发，应先分析学段、学年、学期的总体任务，把握一单元的目标定位，使每个单元目标成为总目标的重要组成部分。在此基础上，对教材进行深入分析，统筹各学习板块内容之间的联系，分析"共性"和"个性"，从中精选出知识与技能、过程与方法、情感态度价值观等方面的具体训练点。在分析教材制定教学目标时，还要把握课程标准对学生总体的培养要求，使单元教学目标既要回应单元要求，又要从具体知识和能力养成入手，落实落细。单元教学目标的确定还要基于学生的实际发展水平，目标应与学生最近发展区相适应，使学生通过一单元的学习能达成单元教学目标的要求。

下文以七年级教材为例阐释单元教学的实施。

---

① 威金斯,麦克泰格:《追求理解的教学设计》,华东师范大学出版社 2016 年版。

一、分析单元的定位

教师在设定单元教学目标时,要从整体角度出发,考虑单元与单元之间的联系,明确单元之间培养目标的内在逻辑性和连接点,按照循序渐进的原则按层级设定目标,使学生由浅入深、有规律地进行学习。

统编教材以"双线组元"的方式来组织单元,既包含人文主题也包含作为知识的语文要素。语文要素中比较突出的就是以阅读方法来编写单元。七年级下册主要学习精读、略读和浏览。朗读和默读是阅读中最基础也是贯穿整个语文学习的阅读方式。前两个单元学习朗读,通过朗读来感知课文内容和作者的思想情感,后四个单元通过默读的形式学习如何把握文章大意,理清作者思路,把握文章中心,所以朗读和品味语言是七年级上册前两个单元的主要任务。第一个单元通过学习外部朗读技巧重音和停连感受声韵美,第二单元要求朗读的语气和节奏变化,把握文中的情感基调,两个单元各有侧重,又互相呼应。所以第一单元教学朗读中注意朗读的具体指导,使学生初步掌握规范的朗读方法,为第二单元和以后学习中更高层次的朗读做好铺垫。

二、分析单元内容的共性与个性

单元教学目标的确定要充分研读教材,明确选文的目的和特点,把握教学内容方面的共性,从而确定单元学习的重点。单元学习重点在单元导语中有初步体现,单元导语是一个单元的学习内容提要,统编教材的单元导语主要包括了一单元的人文主题、选文的共同特点、学习重点和学习方法建议,是整个单元学习的纲领。通过分析单元导语,可以总结出第一单元的学习重点是根据文字想象情景、通过掌握重音与停连来感受声韵、品味语言、体会比喻与拟人的表达效果。

结合第一单元的选文来看,第一单元的阅读课文包含了描写自然景物的现当代散文和古代诗词,都是名家作品,都是名家名作,无论是语言还是思想情感都有较高的价值。三篇散文中,《春》是一篇诗意盎然的散文名篇,作者抓住春的特征,用诗的笔调描写了春回大地、生机勃勃的景象,字里行间充满了对春的向往和喜爱。作为本单元第一篇课文,发挥重要的引领作用。《济南的冬天》展示了济南冬天独特的山水景物,作者老舍通过对济南冬天美景的描绘来抒发自己地祖国山河的喜爱之情。《雨的四季》同样具有诗意的语言、优美的意境和独特的情感,作为自读课文也非常适合学生品赏,学生可以调动感官,通过联想和想象来体会作者笔下"雨"的情致和风韵。《古代诗歌四首》都是写景抒情的佳作,学生通过朗诵、联想和想象进入诗词情境,体会诗词中情境交融的特点,初步学习赏析诗词的方法,激发学生对学习中国古典语言的兴趣。第一单元的写作教学,引导学生通过作家的双眼去学习如何观察生活,如何表达自己的思想与情感。这样的写作训练能促使学生细心观察生活,体验生活中的多姿多彩,消除学生写作中的畏难情绪。在学习课文的过程中,掌握典型的景物描写的方法,学习各种修辞手法,巧妙运用于自己的作文。所以每篇文章承担的各项教学任务应有所侧重。

任务一:"九月校园"寻美

学习活动包括:校园寻美、大家说美。活动要求包括:金秋九月,踏入新的校园,寻找九月校园里独特美景,可以用文字、照片、图画、影像等形式把这些记录下来;以自己喜欢的形式展示感受到的九月校园的独特美景(如:视频、幻灯片、图画、语言文字);结合自己的寻美过程思考并讨论"如何发现自然之美?""如何用文字表达自然之美?"学习目标:认真观察自然,发现校园里的独特美景,激发对自然的热爱之情;能用语言文字的形式对自己发现的美景进行描述。

"校园寻美"活动具有开放性和体验性,它可以充分调动学生的感官和直接经验来认识校园,初步培养学生发现自然之美的能力。在"大家说美"活动中,学生分享自己对校园的认识,在分享交流过程中,学生能发现自己没有注意到的独特景致。在活动中设计了"如何发现自然之美""如何用文字表达自然之美"两个问题引导大家思考讨论,学生根据自己的经验各抒己见,为了找到更充足的答案,教师引导学生带着好奇心和求知欲走进单元阅读文本,通过课内外文本的学习来寻找答案,学生能根据自己的亲身

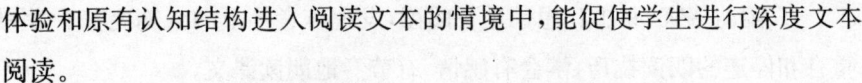

体验和原有认知结构进入阅读文本的情境中,能促使学生进行深度文本阅读。

任务二:体会名家笔下的自然

学习活动:寻找文字中的自然美;边读边品。活动要求:快速阅读本单元前三篇课文,了解单元内容,明确单元课文的共同点;感知课文内容,充分调动感官,发挥联想和想象,以游览的方式寻找作者笔下有哪些独特的景物,形成"旅游总结"。

三、精讲精练示范

篇目:《春》

1. 通过听名家范读、师生朗读的形式学习如何朗读。

2. 通过朗读来品味语言,欣赏精彩语句和段落,重点体会比喻、拟人的表达效果。寻找自己喜欢的句子和段落进行赏析。

3. 通过朗读和品读体会文章的深层情感。

4. 对生字词和优美语句段落进行摘抄和识记积累。

合作探究展示:

篇目:《济南的冬天》《雨的四季》《次北固山下》《天净沙·秋思》

1. 根据精讲精练示范课文的学习以及提供的学习任务表,自主合作学习这四篇课文。

2. 根据学习任务表,自主选择朗读内容,形成朗读感悟,然后组内成员互相分享点评,能形成自己的朗读作品和感悟体会。

3. 完成任务表后以小组形式展示学习成果。

4. 对学习成果进行总结,积累好的写作方法并进行仿写练习。选择自己喜欢的一段或几段练习朗读发布到班级"读吧"中,进行优秀作品评选展示。

四、学习目标

能整体感知课文内容,了解本单元课文共同特点。

1. 调动感官、联想和想象进行阅读,发现作者笔下的景物之美。学习重音和停连的朗读技巧,学会有感情、有节奏地朗读课文。

2. 品味语言,揣摩、欣赏精彩语句或段落,体会比喻拟人的表达效果,并摘抄记录。联系自身学习和生活经历,体会作者对自然的感情。

任务三:我感受到的自然

学习活动:寻找亲近自然的方法;书写我感受到的自然;建立作文分享站。

活动要求:结合课内外阅读,进一步探究"如何发现自然之美?""如何用文字表达自然之美?"这两个问题,可以举出具体的例子;选择自己喜欢的一个季节、一处景物写出来分享给大家。

结合对"如何发现自然之美""如何用文字表达自然之美"两个问题的总结,要求写出景物特点、写出自己的思考和感悟的体会,字数不少于500字。

把自己的作品发布在班级的作文分享站中,教师和同学之间课互相阅读评论修改。

学习观察景物的方法和抓住景物特点进行描写的写作方法。观察自然,发现自然之美,激发对自然和生活的热爱之情。练习亲身经验,能用文字描写自然之美,抒发对自然的热爱之情。

以上三项活动,包括了主题—任务—活动,以单元为单位完成单元教学,学生的活动感受比较充分,而且活动反馈形式比较新颖,学生兴趣也很浓厚。

逆向设计有四个关键点需要设计者注意:(1)要在课程完全开发之前就彻底想清楚评估内容;(2)要根据评估预期结果所需的证据对熟悉和喜欢的活动及项目作进一步修改;(3)教学方法和资源材料的选择是放在最后的事情,教师要记住设计学生工作是为了让他们达到标准;(4)教师的角色可能会从主要资源变成支持材料。如果要实现教学目标,仅仅依赖教材是有局限性的,需要其他有价值的资源,这些在设定目标的时候都需要考虑到。

参考文献:

[1] 威金斯,麦克泰格.追求理解的教学设计[M].上海:华东师范大学出版社,2016.
[2] 温儒敏."部编版"语文教材的编写理念、特色与使用建设[J].课程·教法·教材,2016,36(11).

基于 UbD 理论的口语教学策略研究

摘要：本文对美国 UbD 理论进行阐释，主要介绍了根据该理论进行的口语教学策略及其成效，具有比较强的操作性。

关键词：UbD 理论　口语教学

UbD 理论是美国教育学家格兰特威金斯和杰伊麦克泰格借鉴泰勒"目标导向"模式的基础上创新出的一种以学习目标为起点，以促进学生意义学习、深度理解、迁移运用为宗旨的教学理论，它认为教师在开展教育学活动之前，先要努力思考学习要达到的目的到底是什么，以及哪些证据表明学习达到了目的；必须首先关注学习期望，然后才有可能产生适合的教学行为；认为最好的设计应该是"以终为始"，从学习结果开始的逆向思考，追求理解的教学设计叫作"逆向设计"。它能够打破传统教学设计忽略评价、忽视理解的弊端，为落实学科核心素养，开展深度教学提供新的思路。①

早在 20 世纪 60 年代，叶圣陶就提出，应该把学生的"听、说、读、写"四方面能力放在同等重要的位置。他还指出："在语言文字的训练听、说、读、写四个字中间，'说'字最基本。"他认为"说"是语言交流的重要组成部分，是语文教学听、说、读、写语言技能中最基础的。但是当前语文教学中却存在"重写轻说"的现象，口语表达能力遭到忽视，加上口语训练有一定的难度，教师更是望而却步，所以口语训练举步维艰。

根据 UbD 理论，笔者采用"逆向设计"进行口语训练，达到"理解"和"应用"的目标。"理解"指的是学生能将自己的理解、知识、技能有效应用

---

① 威金斯，麦克泰格：《追求理解的教学设计》，华东师范大学出版社 2016 年版。

到新的情境中,顺利实现迁移;"应用"指的是能够在复杂的真实环境中运用和调整所学的知识,也就是能够真正将课程知识迁移到实际环境中。应用维度注重所学知识与具体环境的联系,是一种情境性技能。

一、明确预期学习成果,梳理学习目标

UbD 理论认为,明确预期学习成果,是梳理学习目标的基础。学习成果的确定,应当立足于学习内容的特点和学生的学习起点及需求。

初中阶段对口语表达能力的要求如下:①要注意表达的对象和场合,文明交流;②能根据对方说话时的表情、手势等,理解对方的观点;③表达观点时要自信,做到清晰、连贯;④要根据对方的语气和表情,适当调整表达内容和方式,以增强感染力和说服力;⑤讲述要生动,复述、转述要完整准确、要点突出;即席讲话和演讲时,要有自己的观点;⑥讨论问题时要敢于发表自己的看法,并提出有针对性的意见。

六年级阶段,着重培养学生表达自信、清晰、连贯和讲述生动的能力,鉴于此,开展了一系列的活动来达成这个目标。

二、确定可接受的证据,清楚评价要素

逆向设计的第二个阶段要求设计者思考以怎样的具体证据来确定预期目标已经达成。UbD 理论将"理解"分为六个维度:解释、释义、应用、洞察、移情、自知。判断"理解"的依据是学生能够做出推论并准确表达,并将所学的应用到新的情境,能从他人角度看待问题,同时又能很好地控制自身的情绪,最后展示元认知意识,能够意识到自己所不理解的内容并反思学习和经验的意义。基于此,确定以下评估证据。

理解维度的评估证据

理解维度	评估证据示例
解释	了解口语表达的基本要求和原则
释义	能够有意义地叙述情节,根据自己的理解进行课文的讲解、名人故事的叙述以及名作的解读

(续表)

理解维度	评估证据示例
应用	将课堂学习到的教师授课的方式应用到自己的讲解中
洞察	评判性地认识历史名人,从整体上把握课文和名著作品,运用多种不同的方式分析某个出现的问题,并从多角度用不同的方法加以解决
移情	从不同角度解读名著,站在别人的角度思考解读的合适方法
自知	意识到自己对所讲解的故事和课文中所不理解之处,反思学习和经验的意义

六个维度的评估示例中"解释""释义"呈现了对口语相关知识的掌握,"应用""洞察"从口语使用角度来呈现学生对口语技能的掌握,"移情""自知"呈现了学生提升思辨能力、养成思考习惯的结果,也是"学会迁移"的具体表现。学生在学习活动中的表现如果能符合上表中的评价,也就意味着完成预期的学习成果。

三、打破传统设计,规划学习活动

传统的活动导向的不当之处在于"只动手不动脑"——就算学生真的有所领悟和收获,也是伴随着有趣的体验偶然发生的。纵然活动有趣,但未必能让学生获得智力上的成长。传统情况下,教师一般都是将自己理解"喂"给学生的讲述者,而不是培养学生精采纷呈展示理解的能力的启发者。

逆向设计中,我们需要思考几个关键问题:如果学生要有效地开展学习并获得预期结果,他们需要哪些知识(事实、概念、原理)和技能(过程、步骤、策略)?哪些活动可以使学生获得所需知识和技能?根据表现型目标,我们需要教哪些内容,指导学生做什么?如何用恰当的方式开展教学?要完成这些目标,哪些材料和资源是最合适的?

此次活动,我们要达到的目标是着重培养学生自信、清晰、连贯地表达和生动讲述的能力。为此展开的活动分为三项:①以自然小队为单位讲述名人的故事,辅之以表演、绘画;②以选择相同课文的小组为单位,上"小先生"课;③整本书阅读,以选择相同解读内容的小组为单位进行《童年》

《鲁滨孙漂流记》的解读。具体操作流程如下。

1. 自然小队讲述名人故事

自然小队指的是中队小队,一个中队有六个小队,每个小队选择一个名人为例,从人物的生平、成就、影响来谈自己对名人的认识,为了达到清晰、连贯、生动讲述的目的,教师在指导选题的时候提醒学生从人物的生平、成就等诸多内容中选择自己最有感触的部分,如讲述对象为苏轼,突出"乐观豁达""为民请命""才华横溢",不必面面俱到,择其一点深入讲述即可;如讲述对象为贝多芬,突出"投入"即可,相关的小故事不胜枚举。讲述的过程要求清晰连贯,是指内容清晰有条理,前后衔接自然,如下图所示:

Topgirls 小队介绍钱学森总体思路

这是其中一个小组进行钱学森故事讲述时的PPT,清晰地反映了讲述的内容和过程,着重于他的爱国情怀。见下页图。

在讲解的过程中,学生清晰的表达,还加上了肢体的语言和精美的图画。比如讲述苏轼的故事,同学们还表演了一段苏轼因乌台诗案而被捕的情形。讲述牛顿故事的同学利用四块黑板,画出了牛顿的求学经历,惟妙惟肖。通过生动的阐述,同学们对所讲述的六个名人的品质有了清晰深刻的认识。

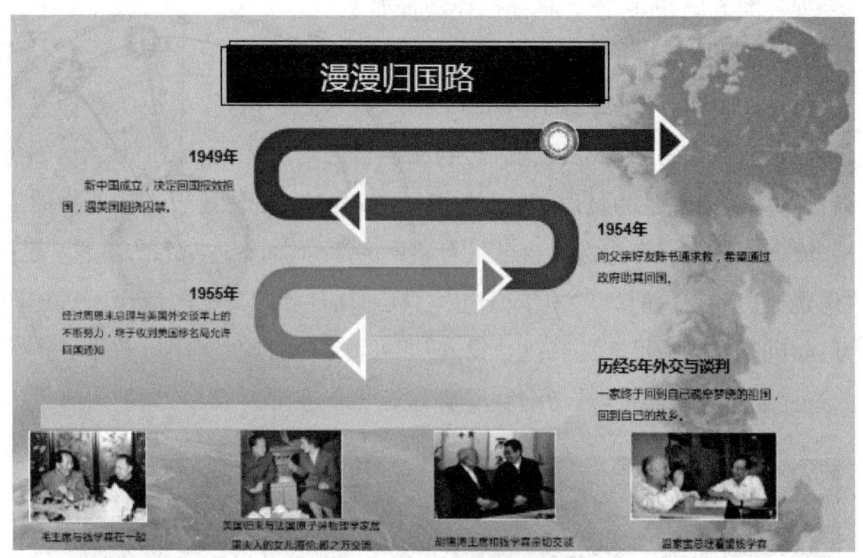

Topgirls 小队介绍钱学森的生平

2. 志同道合者同上"小先生"课

建构主义学习理论认为,在教学目标方面应强调发展学生的主体性;在教学观念上强调教学的理解性,重视教学的情境建构,重视活动与主题的交往;在师生观上,建构主义认为学生要充分认识自己具有发挥主体性的潜力,教师的角色由权威角色转变为学生学习的辅导者或高级合作者。另外,建构主义还提出了元学习观。学习是学习者利用已有的知识经验创造新知识的过程。元学习能力包括确立自己学习目标,选择能达到目标的最适当的学习方法,善于检测达到目标的情况,善于总结自己达成目标的成功经验和失败教训。

小先生上课的具体做法是学期初把每个单元自读课文制成表格,由学生自主选择喜欢的课文,相同爱好的学生组建小组,集体备课、磨课、做课件、试讲,最后给学生展示。活动过程中学生展示出了清晰的思路、默契的配合、独特的见解,最后还能就本课的得失进行总结。如《有的人》一文,学生通过制作精美的 PPT 展现了对课文的独特理解,不仅有图片,还引用了鲁迅作品中的句子来展现先生的品格。如下图所示。

《有的人》课件展示

课堂结束,教研组教师反思如下。

《有的人》与其他文章差别较大,应该有独特的授课方式,因此不可以古板的复制其他课文的教课方式,比如说:《有的人》这篇课文作为一首诗歌,需要学生更多的理解,因此可以多安排朗读。因地制宜,往往比套用有更好的效果。

——胡思涵

即兴发挥不一定是被动的,如果在授课中突然灵光一闪有了新的且合理的想法,可以将其插入原始教案中,但这对流程的了解要求极高,只有完全了解才能让即兴发挥富有逻辑性。此外还需要定量的勇气,勇敢地发挥自己的想象,不被教案所束缚。

对于一些回答不上来问题的同学,第一时间不是去批评,而是找是否有授课的问题。备课组的老师认为,关于作者臧克家和主人公鲁迅的介绍应该分开来,而不是都在作者介绍里,教案可能并不完美,但是一点点的临时纠错能力,就能补上最后一块缺失的拼图。

——李思辰

从以上反思可以知道,这样的"小先生"课,确实使学生的思维和表达能力得到了很大的提升。

3. 班级合作展示阅读成果

微课期间,为巩固阅读成果,为提升学生对文本的解读能力,为锻炼学生思维能力和表达能力,开展了微课展示活动。活动过程如下:根据阅读选题,学生选择感兴趣的话题,参加该老师的微课,在老师的引导下完成各自的任务,学生通过讨论形成一致的观点,最后上台展示,展示结束学生反思活动成败。阅读选题见下表:

微课选课表

年级	序号	读本	阅读选题
六年级	1	《童年》	1. 举例讨论《童年》是如何用孩子视角表现社会与人生的。 2. 分析外祖母的性格以及对阿廖沙的影响。 3. 阿廖沙是如何面对童年的孤独的,自己的童年和他有什么相同和不同
	2	《童年》	1. 请分析书籍对主人公成长的作用。 2. 你最理解(或不理解)阿廖沙的哪些行为?请陈述理由。 3. 如果给阿廖沙写一封信,你愿意分享自己的哪些童年经验
	3	《童年》	1. 如何理解,"怨恨是块冰,遇暖就融化"? 2. 高尔基为什么要描写童年的悲惨经历? 3. 举例说明,周围人对阿廖沙的影响
	4	《鲁滨孙漂流记》	1. 荒岛生存的秘诀; 2. 论鲁滨孙与礼拜五的关系; 3. 冒险与打怪升级
	5	《鲁滨孙漂流记》	1.《鲁滨孙漂流记》的现代社会背景是什么? 2.《鲁滨孙漂流记》传递了怎样的时代精神气质? 3. 鲁滨孙在荒岛上生活了二十多年,他与社会的联系是什么
	6	《鲁滨孙漂流记》	1. 荒岛环境与建设 2. 星期五为什么对鲁滨孙那么忠诚? 3. 人物刻画方面的特色赏析
	7	《童年》	1. 情境再现。用无声表演的形式介绍一个最_____的情节。 2. 逆天改命。悲剧可以避免吗?如小茨冈的死,结合全本内容作理性探讨。 3. 小小作家。请给文中你最"意难平"的地方重写结尾
	8	《鲁滨孙漂流记》	1. 鲁滨孙在荒岛上都遇到了哪些困难?他是如何战胜这些困难的? 2. 鲁滨孙在荒岛上创造了生命的奇迹,他给你留下了怎样的印象? 3. 找出你觉得最能体现鲁滨孙精神特征的地方,说一下你的理由并有感情地朗读

微课展示有两组同学得到了好评,一是讲解《童年》中的悲剧因素,二是《鲁滨孙漂流记》的"游戏版"——鲁滨孙升级打怪,第一组同学见解独到深刻,大开了同学的思维脑洞;第二组同学抓住了当下学生的心理,将人克服苦难的过程比喻成"升级打怪",大大吸引学生注意和关注。

通过以上三项活动,学生的思维能力得到发展,口语表达能力得到提升,达到了预设的目标,是 UbD 理论在教学中的一次实践,也是学生口头表达能力得到提升的一次实践。

参考文献:

[1] 叶圣陶.认真学习语文[M].北京:商务印书馆,1980.

[2] 威金斯,麦克泰格.追求理解的教学设计[M].上海:华东师范大学出版社,2016.

[3] 王沛,康廷虎.建构主义学习理论述评[J].教师教育研究,2004,16(5):17-21.

论诗歌教学中学生主体意识的激发

摘要：古典诗歌教学历来是一个难题，语言上有障碍，情感含蓄蕴藉，传统的诗歌教学往往难以激发起学生对诗歌的兴趣，新的课程标准倡导的自主学习、合作学习、探究学习，为诗歌的教学提供一条新的思路。只有彻底改变教师一言堂的教学方式，激发学生主体意识，才能激发学生学习诗歌的浓厚兴趣，让学生做诗歌学习的主导者，而不只是做一个知其然不知其所以然，只知道诗歌的字词句却不理解内容，也不领会情感，更不知神韵的诗歌的背诵者。

关键词：古代诗歌　教学　主体意识

传统的古诗教学模式是这样的：理解题意—教师逐字翻译讲解—逐句串讲—背诵。教师字无巨细、句无巨细地讲，放大量的投影，学生谨慎地记，一字不漏，书本上写得满满当当，考试前死记硬背，理解错误、张冠李戴的事情也常有发生。久而久之，学生对诗歌的理解能力、鉴赏能力每况愈下，甚至见到诗歌就头疼，他们只能被动地接受教师思维的结果（有时候还不一定是教师自己的），只能等老师讲授而完全不能自主理解，这实是教学之失策。

在这种情况下，自主学习、合作学习、探究学习就显得尤为重要。采用这样的教学、学习方法就能在一定程度上唤醒学生的主体意识，发挥他们的学习主动性，从而进入诗歌的境界，提出自己的见解，并形成自己理解诗歌的方式和提升鉴赏的能力。

一、调用感官，感受诗境

古人创作注重意境，文学鉴赏也应该力求感受和进入意境。当我们读着那些意境深远的作品时,可能暂时忽略了周围的一切,视而不见,听而不闻,整个心灵都沉浸在想象的世界当中,这是一种很美妙的感受,我们应尽力让学生也能感受到。

第一种是引导想象。想象在诗歌的理解中是不可或缺的,从心理学上来说,是一个以记忆表象为材料,通过分析组合,创造新形象的过程。运用想象,可以将有限的空间无限地拓展,在自由王国任意驰骋,"精骛八极,心游万仞"。如王维"明月松间照,清泉石上流",不必逐字逐句翻译它,就在头脑勾勒"明月""松""清泉""石"这幅图,就能领会作者情趣。如"桃花依旧笑春风"什么样的场景?三两枝桃花?灿烂的桃花?这姑娘到底有多漂亮,一瞬间抓住了崔护的心,令他久久难以忘怀?此时此刻,语言是多么苍白无力,多精美的语言都难以描摹,只有想象才能完成,你的记忆中谁是最漂亮的、最吸引你的,这姑娘就是那样的,你记忆中、想象中的春天的桃花是什么样的,这里的桃花就是什么样的,崔护的语言没有限制你的空间,反而给了你很大的世界。

第二种是根据诗句画图或歌唱。鉴于理解语言能力的限制,对一些诗歌,学生未必能很准确地知道其中所描绘的景象,如韦庄的《菩萨蛮·人人尽说江南好》,"春水碧于天,画船听雨眠"是怎样的场景?在理解词义的基础上将它画出来,就能领会江南春天的闲适、惬意,画未必是精致的,也许是黑白的,呈现出来的就是学生脑中的江南春。古人的诗词许多为配乐曲歌唱而作,学生会融入现代元素,将诗词唱出来,《青花瓷》《东风破》,只要能把意境展现出来,就是好的。用这样的方式进行教学,不但课堂气氛活跃,教学效果也特别明显,以前学生费九牛二虎之力才能把诗歌背诵出来,一旦配乐演唱,就如同记歌词一般,两三遍下来就铭记于心了。

学生爱幻想,爱联想,爱想象,我们给他们一个支点,他们会有无穷的精彩呈现给我们;他们爱唱、爱跳,也许会用现代的 R&B 把《钱塘湖春行》唱出来,也许一唱李煜《虞美人》,整首词就记下来了。语文课堂不约束他们,反而给了许多平时得不到的自由,他们能不爱语文?能不爱诗歌?

二、反复诵读,整体感悟

宋代朱熹在《训学斋规》中说:"余谓读书有三到:谓心到、眼到、口到。"在语文教学所培养的学生的四种基本能力中,"读"也是其中之一。通过多次反复的朗读,学生对语言熟悉了,对感情领会了,对艺术形象有一定把握,也进入意境了。通过朗读可以测知学生对于课文的理解程度,如果朗读通顺了,说明对文章有初步理解了,能带感情地朗读,说明对情感把握了。朗读不局限于集体朗读,可以个别朗读、整首诗歌的朗读、局部的朗读、男生朗读、女生朗读、小组朗读……形式多样,而且根据熟练程度可以分为正确的朗读、流利的朗读、理解的朗读、有感情的朗读。总之,以熟读成诵为目标,不但不耽误课时,反而还可以节约讲解的时间,从而达到更好的教学效果。

如果说诉诸笔端是一种表达,那么朗读也是情感的宣泄,也许纯粹机械的朗读会让学生兴味索然,但多种形式的朗诵则会让他们沉浸其中,在无声无息中达到教学的目标。

三、咬文嚼字,细细品味

马克思说,"语言是思想的直接现实。"诗歌是语言的艺术,诵读是借助语言感悟课文的一种比较宏观、感性的方式,利用语言载体咬文嚼字地品读是诗歌教学的有效途径,要深入地认识诗歌,鉴赏形象,领会艺术魅力,就离不开对语言的咀嚼。

古人注重炼字,杜甫曾有"为人性癖耽佳句,语不惊人死不休"之语,林升也有"吟安一个字,捻断数茎须"的句子,纵观古诗,确实有不少"推敲"的佳句妙词,在我们的教材里也有不少,我们可以借对这些词语的鉴赏,全面地了解文章内容、深刻地把握作者的情感。

如《春夜喜雨》中的"潜"字,诗人不用"洒",也不用"落",恰切形象地传递出那种不知不觉的情境。春雨滋润万物,又不居功,洒下甘霖又不打扰人的生活,有情有义就体现在一个"潜"里面。不细细揣摩,又如何知道其中之奥秘呢。再如,《钱塘湖春行》里的"早""新"二字也值得细品一番,早春之早如何体现,这两个字可说是不着痕迹地传递出来了。

咬文嚼字并不仅仅对词语多做推敲,也指抓住诗歌中的意象做细致推敲、分析。如马致远的《天净沙·秋思》,散曲中的意象本身都是孤立的,但一和"断肠人"联系,就像发生了化学反应一样,催化成了有机不可分的意境:旷远、苍凉,一个飘零的游子置身于其中,那种感受直接地传达到我们心里。

这些细致的精彩一旦让学生发现,他们将对课堂有更多的兴趣,并且会试着去寻找和分析,乐在其中。

四、日积月累,学在课堂外

课本中的诗歌毕竟是有限的,教师的教学方法即使绞尽脑汁也就那么几种,我们不妨调动学生自主学习诗歌的主动性。

自主学习诗歌分为以下两种方式:①课前五分钟的介绍,按学号轮流进行,要求只讲一点,如只讲思想感情,只讲炼字,只讲意象,力求讲透,不反对几个人从不同角度讲解同一首诗歌,讲完要求全体同学背诵;②小组合作讲"每周一首",每一个单元后都有两首小诗,不必教师亲力亲为去讲,可以以小组为单位,共同完成备课,确定主讲人,班级正好8个学习小组,每组一篇,既让全班同学理解诗歌后进行记忆,增强记忆的效果,又锻炼了学生的胆量和表达能力。

教师可以多开展一些"走近名人"的综合性活动,让学生收集诗人生平事迹、民间传说以及诗歌资料,并将其整合成手抄报或课件在课堂上展示、交流。这样,同学们对诗人的风格相近的作品会多一些认识,从而进行知识的迁移。

参考文献:

[1] 吴俊.浅谈中学语文教学中的想象力培养[J].贵州教育学院学报(社科版),2013(4),41-44.

[2] 刘勰.文心雕龙[M].北京:中华书局,2012.

[3] 朱熹.训学家规[M].北京:商务印书馆,2015.

论中学生写真实作文的重要性和操作策略

摘要：文章重点讨论在学生作文过程中,如何指导他们写真人真事,抒发真情实感。在进行指导的过程中,注意以下四个关键问题：选材选择真实发生的事,在事件叙述过程中寄予真实情感;创设真实的作文环境;潜移默化地进行作文教学;引导学生关注自我、关注人类、关注社会、关注人性。

关键词：中学生　作文教学　真人真事　真情实感

我们对于学生作文的判断标准有很多：选材恰当与否、结构安排是否合理、语言是否流畅、精炼、优美,也会围绕这些标准做相关的指导,但对于文章真实性方面的要求却不具体,也没有恰当的指导。事实上,写真情实感的文章是为文之本。

古代刘勰认为情是文之本,文必须建立在情感的基础之上,任何文章的华丽巧妙精致都以思想情感为根基。他主张"为情而造文""情动而辞发",坚决反对"为文而造情"。我们的小作者集聚了真实思想和体验了真实情感,才能有感而发,美妙的文字自然流淌,才能"要约而写真"。他特别强调情感的真实性,特别反对矫情、虚伪的创作。在《文心雕龙》中,他提出了以情为本,不要假意虚言的重要观点：

"夫铅黛所以饰容,而盼倩生于淑姿;文采所以饰言,而辩丽本于情性。故情者文之经,辞者理之纬;经正而后纬成,理定而后辞畅：此立文之本原也。"

写作本是表情达意的方式和手段,是与他人沟通表达自我的语言交际过程,是实现自己发展的生命行为,是描绘社会多姿多彩的生活的途径,如果为了取悦他人或谋求高分而导致与真实相违背,不是"我手写我口",不能独立自由地表达,不能展示真实的精神活动,不表白独立思考和独特个性,它也就失去了根本的目的,失去了同他人、社会进行真诚对话交流的广阔平台。

所以,我们在作文教学中要把真实性作为一项重要的内容。

一、坦诚地展示自己

我们要求写作中展露"人性"本真,其实蕴含着"作文立人"的深刻理念。写作先有内在思想的形成,后有文字的外显。缺乏思想,文字就是无意义的堆砌,而为了使学生拥有来自生活的思想,教师要尊重学生这个独立个体,从"人"的角度去培植学生独立的人格、自主思维的意识和品质。独立的人格就是要求学生摆脱惟师命是从、惟书本是从、灵魂萎缩和复制思维的依附性的习惯。培养独立人格,就要求教师在平常的教学中以民主的理念和尊重的态度对待学生,不但能接受其顺应师长的心理倾向,还能宽容甚至于欣赏他们的逆向性思维特征。自主思维就是鼓励学生自我主体意识觉醒,表达自己的真实思想。思维品质要具有现代性,即让学生掌握多种思维形式,把各种对立统一的思维形式有机相融,最大限度地扩展四维空间,以期达到写作思维的崭新高度。

二、充分地抒发自己

叶圣陶先生曾指出:写作的根源是发表的欲望;正同说话一样,胸中有块垒,不吐不快。写作主体亲身经历过、感受过、思考过,才能积蓄感情并到一定的程度,迫使他用文字去倾吐。不如此,所为之文均是苍白的。那么,我们就不能采用纯技术主义,导致学生在对题材模型和结构套路的刻意追求中丧失自由的个性。为培养学生的写作情感,我们应遵循以下原则。

1. 写自然生活而非"应然生活"

生活中既有辛酸、无奈与悲怆,也有甜蜜、美好与幸运,既有失败、苦难,也有成功、搏击,这是生活的本色,不要只看明亮的,不关注灰暗的,不要只写自己的幸福,全然不关注社会的不尽如人意之处。张开双眼,关注社会百态,不粉饰、不避讳,关注"实际生活"而非停留于"世外桃源",这样才不至于让学生与生活分离和隔膜,从而写一些无血无肉之作。

2. 对生活真诚而非虚伪

低年级学生对于生活的认知是肤浅的,并非仅仅因为他们不太关注生活,还因为他们的年龄、阅历限制,有一些认识他们来自间接经验,即家长和老师的评价,我们要避免先入为主地给学生强加一种非此即彼的情感取向和价值尺度,要允许学生通过自己的生活生成自己的价值理念,从大量的感性认知中提升评判标准。真诚地感知到的生活才是写作的鲜活的源头。

三、创设真实的作文环境

真实,一指结合学生生活实际,设置作文题,紧贴学生个性心理,追踪社会焦点,关注校园热点,联系各科教学实际。如《那一次,妈妈对我说……》《记一次班干部竞选》《捕"风"捉"影"》都是走进现实、学生言之有物的作文题;真实,二指开设多种多样的作文活动,如作文竞赛、手抄报竞赛、编辑发行各类作文报刊、编辑打印作文专集等,这些活动可以改变作文教学单调的情况,提高学生自觉作文、真诚表达的兴趣。

四、潜移默化地进行作文教学

在教学过程中淡化指导痕迹,师生之间心心相印,有真挚情感的交流,教师把学生当作朋友而非受训者,润物无声地进行指导,诱导学生"不吐不快",感受作文是一种享受。淡化写作技巧一二三,练习中多让他们自选内容、自定主题、自定体裁,尽可能拓展思维空间,甚至进行自我评价。

五、引导学生关注自我、关注人类、关注社会、关注人性

现代教育以"个性解放"为旗帜,"个性化"本来就是作文教育的基本内涵。新课标也体现了这一价值追求,如:"能不拘形式低写下见闻、感受和想象,注意表现自己觉得新奇有趣或印象深刻、最受感动的内容。"3—4年级;"……珍视个人的独特感受。"5—6年级;"力求表达自己对自然、社会、人生的独特感受和真切体验。……力求有创意低表达。"7—9年级。

对话式的作文教学方式是实现个性化作文的一种重要方式。对话意味着师生之间、学生之间、师生与各种教育载体之间进入深度的认识之中,意味着教师对学生生命意识的唤醒、生命力量的激扬,意味着作文教育活动的持续,意味着一个全新的"人"的塑造。

作文教学不仅为了教会学生作文,也为了培养一个个有完整人格的人,培养其具有高远的目光、博大的胸怀、仁爱的情怀和坚韧的性格。教师要通过作文这个媒介,重建文化视角,倡导人文关怀。关注人类的发展,体验整个世界。

我们要通过对当下重大事件的讲述和分析,让孩子们跳出狭隘的民族主义情结,把自己作为一个"世界公民",以"地球上的人"的情怀和视角体验生活、感受成长,对着全世界发言,对着看得见、摸得着的事物发言,成长为一个既有家国情怀又有世界责任感的公民。同时,作文教育应关注"人文内容"。如作家张炜所说,"有知识的聪明孩子从来不缺,有是非感责任感的孩子倒是非常珍贵"。① 这一定程度上表明了我们教育中人文精神的严重失落。有学者认为,我们的教育一个弊病是"将中国古代经世致用的负面影响和美国高度实用的负面影响结合起来,变成一种短视的高度实用的知识……"所以必须学点"无用的东西"。② 具体到作文上,就是要有真善美的引导、渗透和熏陶,关注有永恒价值的基本主题,人性、人权、生存权等,拥有了这些基本底色和价值背景,作文就能成为学生心灵的居所、精神的家园、滋养成长的养料和培育理想力量的土壤。

通过作文,学生展现出个性的活力和生命的本色,感受生命的尊严,体验成长的愉悦,确立自己的追求,塑造完整的自我,可以说,我们的作文教育、做人教育就成功了。

---

① 张炜:《世界与你的角落》,载《天涯》2012 年第 3 期。
② 资中筠:《学点"无用的东西"》,载《南方周末》2011 年 8 月 26 日。

行 篇
——教学案例系列

"学生导师制"模式下的小组合作学习教学研究

摘要：小组合作学习是新课标倡导的三大学习方式之一,它改变传统的教师讲－学生听的方式,促使学生更多地参与课堂中,"学生导师制"模式下的小组合作学习是在小组合作基础上进行的教学方式变革,是一种富有创意的新型教学方式,其通过"学生讲－教师辅助"的形式,激发学生的语文学习兴趣、夯实学生的语文基础、提高语文素养、增强语文能力,在成绩提高的同时,实现学生阅读表达能力的提升。

本研究通过课堂观察、结合访谈与案例分析,对初中学生语文学习现状进行分析,从现状中探寻改变目前语文课堂一言堂现象的新途径,提出"学生导师制"小组合作的实用方法,具体操作如下。一是建立一对一、一对多导师群体,明确角色与个体分工。二是明确合作学习目标。三是资料准备。四是"学生导师制"小组合作学习的实施：如教师优化对"学生导师制"小组合作学习理论的认知；又如教师对组长的引导、点拨；再如强化学生合作意识和技能的培养；还如总结活动交流。五是评价。本研究选取六年级两个班级,进行对照教学研究,并通过问卷和访谈搜集本研究需要的合作技能,提出了教师优化认识、强化学生合作意识和合作技能培养,使"学生导师制"模式下的小组合作教学方法能够和初中语文课堂达到有效的融合。

关键词：初中语文　学生导师制　小组合作学习

一、课题的提出

（一）研究背景

1. 增强学习兴趣、提高学习主动性、培养合作能力、发展学生思维的需要

学生是学习的主体，学习过程中如果学生学习动机中的主体意识充分觉醒，在学习活动中，主体能动性、主动性和创造性得到充分发挥，在学习成果评价中，主体价值得到充分尊重，潜能得到充分发挥，学习的主动性就会增强，学习的能力也会慢慢提高。

2. "以学生成长为中心"教育理念的进一步贯彻

《国务院关于基础教育改革和发展的决定》指出："鼓励合作学习，促进学生之间的相互交流、共同发展，促进教师教学相长。"

当前新课改背景下，以学习方式的转变为核心问题的教育改革已在全国展开，新课程背景下的小组合作模式，作为新课程标准推行的模式之一已逐渐推行到课堂实践中来。

语文新课程标准指出："学生是学习和发展的主体，语文课程必须根据学生身心发展和语文学习的特点，关注学生的个体差异和不同的学习需求，爱护学生的好奇心、求知欲，充分激发学生的主动意识和进取精神，倡导自主、合作、探究的学习方式，教学内容的确定，教学方法的选择，评价方式的形成，都应有助于这种学习方式的形成。"因此，我们要转变学习方式。

导师制的小组合作让学生成为学习的主体，在合作中学生的学习主动性得到提高，在合作中同学们可以共同发展，能力强的学生带动能力弱的学生，在合作中使学生的个性得到发展。

3. 学校品牌建设的需要

为了配合同济大学附属实验中学创建"科技创新特色课程群"，力争在未来5到10年内将学校办成一所具有高雅品质人文环境的目标，我们开展了语文教学中"学生导师制"模式下的小组合作学习教学研究。从语文学科的角度来说，创造出具有创新特色的语文课堂，必须突破传统常规教学模式，在学生的课堂效率和兴趣上下功夫，为此我们结合小组合作，以

"学生导师制"的形式展现学生们的课堂内容,做到知识的输出与输入的相互转化,并且能够学会自主学习和知识灵活运用。

为了锻炼学生展示自己的能力,我们通过小组合作,由小组长在语文课上给大家展示了小老师们的风采,并将根据嘉定区语文教学的要求,以小组合作为研讨途径,在老师的指导下,培养出气质型、自信型、有能力的同济附中人。

4. 当下语文课堂存在的问题及分析

传统的教学中,教师把握着课堂的主动权,发问者是教师,答案传授者是教师,教师是主导,学生缺乏学习的主动权,课堂缺少生机活力,常见的课堂推进方式是教师报答案,学生抄笔记,再或者是PPT呈现答案,学生埋头抄写。长此以往,学生的学习积极性难免受到影响。

在被动的学习环境中,学生的创造能力、组织能力、表达能力都会受到一定的限制,只有给他们一个表演的舞台,他们的才华才能得以展现,站着而不是坐着,讲授者而不是单纯的接受者,学生的思维活跃起来。小导师作为小组的领导者还要能够把控全局、组织同学,要能把小组的同学团结起来,激励起来,让每一个同学都能在舞台上表现自己。

传统的语文课堂都是教师在课前做好充足的资料准备,对于课文的解读条分缕析,精确到字词,但教师想得越多,讲得越详细,学生的依赖越强,对于教师讲授的全盘接受,并不会提出自己的意见,更看不出存在的问题,对于教师所讲的内容不敢有也不会有异议,这样的语文课堂培养的仅仅是肯听课和肯背诵的孩子。长此以往,特别是初中预备班的学生,对语文学习就会厌倦,主动回答问题的同学也越来越少,教师讲课更是唱独角戏了。一旦情况发生了变化,问题发生了变化,学生就不理解,跟我们在课堂上没有训练他们的思维有很大的关系。

目前语文课堂,"教师问-学生答"是常见的一种模式,注意力集中的学生,大半的时间用来记笔记,注意力不容易集中的部分学生,则在神游中度过。学习方法单一、陈旧导致学生在语文课堂的参与感很低,不愿意开动脑筋参与教师的问答中,学习效率相对低下。课堂上讲过的知识点,学生前背后忘,这跟老师的教学方式单一有着不可分割的关系。

讨论法在有的班级、有的小组能有效进行，但在有的班级则会出现学生聊天、讨论无效的情况，教师做不到每个小组都去监控，有时候会出现整个班级吵闹的现象，非但达不到教学效果，还会出现纪律问题。

为了让学生的思想活跃起来，并且能对有一定难度的题目进行思考和表达，我们迫切需要采用一种新的教学方式。

5. 突破瓶颈，从传统教学到"学生导师制"小组合作学习教学

时代日新月异，网络的普及使学生的认知不单纯来自教师，传统的教师全堂灌输的上课方式，已经不能适应新的时代和学情，加上传统授课制自身的弊端，使学生们不再满足于教师的全盘传授，迫切需要有一个舞台来展示自己，和同龄人分享他们的知识和认知，甚至乐于和同龄人进行辩论和合作。要改变现状，就要更换传统的课堂教学方式，用一种新的方法进行教学。我们让学生自己去尝试、讨论、合作，自己去领受、理解知识，自己当小老师给别人传授知识，他们对于语文课堂的兴趣一定会大大提升。

小组合作形式推出小老师的授课方式是当前课程和教育改革的趋势之一。当下教育越来越关注学生的能力，各种课程绝不允许主课考试科目私自占有，一方面要学生在仅有的一节课里学到知识，另一方面还要让学生的成绩能够多提升。如何做到课堂的高效呢？小组合作下的小老师们可以灵活地进行知识输入与输出的转换，学生之间互为导师，最终学会自主学习，这是学习的最高境界。

小组合作学习能为学生提供一个较为轻松、自主的学习环境，提高了学生创造思维能力。合作性的课堂教学中，学生有更多的机会发表自己的看法，并能充分利用自己的创造性思维，形成相同问题的不同答案。学生的学习环境更为宽松，自主发挥的空间更为广阔，同伴之间相互帮助，动手实践，在实验中发现、探究科学的奥秘，提高了学习兴趣，通过满足学生的各种内在需要激励了他们的参与意识，并能使他们在参与学习的活动中得到愉悦的情感体验。

总之，在教学中采用小组合作学习的方式，形成了师生、学生与学生之间的全方位、多层次、多角度的交流模式，使小组中每个人都有机会发表自己的观点与看法，也乐于倾听他人的意见，使学生感受到学习是一种愉快的事情，从而满足了学生的心理需要，促进学生智力因素和非智力因素的和谐发展，最终达到使学生学会、会学、乐学的目标，进而有效地提高教学质量。

(二) 理论意义与应用价值

1. 理论意义

"以学生为中心"的教育观点首先由美国心理学家卡尔·罗杰斯在1952年提出，近年来教育工作者越来越重视这一理念。瞿振远认为，以学生成长为中心的理念"立足于学生作为独立个体的发展和作为社会成员成长的全面需求之上，凝聚在学生主动投入、积极探索的过程中，体现为学生延续终身的学习与发展能力的全面提升"。由此可见，"以学生为中心"实际上把学生视为学习过程的主题和教育改革的主要参与者，实现课堂教学模式的创新和发展。

19世纪早期，美国的一些学者开始研究合作学习并运用于实践，杜威创办的芝加哥实验学校就运用了小组合作学习，柏克赫斯特实施的道尔顿计划的三个原则之一就是合作。本研究可以丰富有关小组合作学习理论，深化对小组合作学习的思考。约翰逊等人总结了关于小组合作学习方法成功必备的五要素，他们认为，简单地将学生安排在一起合作，并不能产生较高的效率，反而易使学生产生厌倦心理，阻碍合作学习的开展。学生导师制小组合作学习研究可以在之前的研究基础上多一种思路。

新课程标准的理念之一就是要让不同的学生在学习过程中得到不同的发展，这个理念，已经被大多数教师所接受。在实施过程中，根据学生的个性差异，因材施教，减轻负担，在一定程度上实现差异教学。小组合作，可以把学业水平高低不同的学生合理搭配在一起，形成互助小组，使他们沟通、合作，达到共同进步、提高的目的。根据学生水平的不同"强弱搭配"，使学习小组在问题或任务的驱动之下，为达成共同学习目标而协作。使所有同学在自己原有的基础上获得成功，通过同伴之间的教与学激发学生的内部学习动机，促进全体学生学业成绩的提高，同时培养学生间互相学习、互相帮助的意识,形成互助合作的精神。

2. 应用价值

充分调动学生发挥主观能动性,以促使其自觉学习、自主学习,促进教育个体的良好发展。"学生导师制"的小组合作方式可以很好地促进学生的主观能动性,从而促进教学工作,提高效果。

在"学生导师制"小组合作的进行过程中,学生不但能提供更多的知识、更多的思想,彼此碰撞出更多的思想火花,也能因为合作加强同伴间的沟通,增强交际能力,拥有上台表达的机会,满足了爱发言的同学的欲望,增强了不爱发言的同学的信心,提高了表达能力。这种新颖的教学方式可以改变传统的教学方式,更好地提高课堂效能。在"学生导师制"小组合作中,不同学生都得到公平的发展。

二、核心概念的界定

(一) 学生导师制

学得快的部分学生,或者老师指定预习好的小组为导师组,他们会在课堂上以老师的身份进行授课,引导组员学会知识,授课的学生称为小老师。本来由教师讲授的内容,由小老师传授给组内同学,再由同学讨论、学习,最后由小老师检查学习效果,并由小老师选派同学给全班同学授课的方式就叫学生导师制。

(二) 小组合作学习

小组合作学习是根据一定的情况,将学生分成一定形式的小组,教师根据各小组的共同特点,分别与各小组接触,进行教学或布置学生共同完成某项学习任务。有五个基本要素:积极的互赖关系,小组及每个小组成员的责任感,面对面的建设性的相互交流,小组合作技能,小组的自我评估。要使合作小组正常运行,合作富有成效,应做好以下三件事:①选一名得力的组长,负责全组的组织、分工、协调、合作等工作;②为小组取一个响亮的名字,这有利于凝聚人心,形成团队精神;③为组员编一个相应的代号。在小组内按照学生学业成绩和能力水平从高到低进行编号,并且使每组学业水平处于同一层次的学生代号相同,这样,便于组长分工,也便于老师抽查。

三、初中语文"学生导师制"下的小组合作学习的相关研究综述

1. "学生导师制"的小组合作取得的主要成果

(1) 国外关于小组合作学习的研究现状

在美国,合作学习的课堂模式最早是在19世纪20年代被美国的一些研究人员进行实践研究的。国外已在理论和实践上取得了一定成果,到了20世纪的70到80年代,合作学习在美国的研究和应用已相当广泛。美国教育学理论家加齐(Gage.W.L.)指出,教学是师与生互动的活动。这一过程包括:①教师的观察和认知过程;②教师的行为;③学生的观察和学习步骤;④学生的课堂表现。由加齐的这一理论我们可以看出,在小组合作的课堂上,学生取得了和教师相等的话语权。因此,学生在课堂上的活动表现在整个教学过程中占了很大的比重。

目前,学生的自主性和思想性的不断提高,传统的教学模式很显然已经不能满足学生的课堂兴趣和需求,小组合作形式显然适应了这种需求。

(2) 国内关于小组合作学习的研究现状

20世纪80年代末,中国出现小组合作学习的萌芽,90年代中期,合作教学发展快速,到本世纪逐步完善。综合相关文献,主要有这几方面的成就。

一是从理论视角研究小组合作学习。从教育学理论出发,结合小组学习的组成结构和人员特点,以及教学的优势和劣势,形成指导课堂学习的理论基础。华东师范大学张茜《透视"小组合作学习"》从合作学习的理论着手,探讨了该模式的深刻内涵和重要作用,并分析小组合作学习中表现出的各种现象,提出了关于课程设计、教学内容与管理方式的改进思路及方法,并分析和梳理合作学习的诸多影响因素,给教师以理论支撑。杨秀梅的《透过"杜郎口"现象看合作学习模式》针对小组合作的适用性进行研究。

二是从教学实用性探讨小组合作学习。一些研究从语文教学的要求出发,以培养学生良好的语文素质为目标,探讨如何开展语文的小组合作。如李金芝《小组合作在语文写作教学中的应用研究》,李慧君《小组合作在中学语文的应用研究》,赵顺阳《基于生态视角的小组合作学习评价研究》,金琴《初中语文合作学习现状及对策》。这些文章认为,老师应在教学过程中担当不同身份,不仅仅是课程的教学管理人员,更要融入整个教学环节,包括小组讨论,从而更好地提高教学质量和成效。

三是从有效性角度对语文小组合作学习展开探索。刘星《高中语文教学中小组合作学习的有效性探究》从老师和学生两个角度,展开对当前语文教学效果不理想的问题剖析,指出要达到的目标,就要采取相应对策。

国内最早开展探究小组合作教学模式的城市是杭州,试点的班级学生参与人数空前积极。1993年"山东教学研究与实验"开题,研究遍及全国一百多所学校,实验了6年,如今影响至全国。

我国台湾教育专家林生傅指出:合作教学的宗旨是使课堂任务成为学生的目标所在。我国著名的语文教师魏书生、李镇西、赵谦翔都对小组合作有所赞赏和实践。其中李镇西《相信学生的潜力》感慨:"我们的语文课堂,难道真的就只是老师讲、学生记吗?我们语文课堂,难道只是为了考试吗?2010年,回到学校后,我继续开展教学改革试验,开展小组合作的学习。"

2. 综合评析

通过现有文献不难发现,目前学术界对小组合作的研究已经颇有成效,也为本文奠定了良好的基础,在理论、实践方面都具有一定的参考价值,但是小组合作也存在一些不足,如讨论有时流于形式、深层次的问题没法得到解决、讨论过程的纪律存在一定问题等。本文将改进小组合作的措施,结合自己多年的教学实践,与本校教学实际相结合,探索学生导师制下的小组合作,为小组合作学习的实践研究提出一些新的思路。

3. 本文研究角度

本文通过课堂案例研究,通过实验班与普通班的对照教学,设计研究程序,针对主题进行课堂观察,探究"学生导师制"小组合作的方式,探讨

"小导师"的选拔与培养的方法,探究适合采用"学生导师制"的课型,如作文课,是采用小组合作比较好,还是教师传授为主,作文课不同的内容用哪种方式上更好;阅读课采用什么方式,阅读的内容不同采用的方式也不同;综合活动课采用小组合作如何开展……使新的课堂形式得以使用和推广。

四、制订研究方案

(一) 确立研究目标

1. 通过小导师,将小组合作淋漓尽致地发挥其作用,总结导师制小组合作学习的操作策略,改变教师的教育理念,探索新的教学模式。

2. 通过课堂自主的知识输出,培养学生的合作意识和知识运用能力,以及自主学习能力。

(二) 设计研究内容

1. 了解学生语文学习现状、学生的学习习惯,以及学生对于学生导师制小组合作学习教学的了解程度。调查学生对于学生导师制小组合作学习教学的看法,学生的参与程度、学生学习的感受和成果、学生对学生导师制小组合作学习教学法的评价。

调查结果表明,学生对于语文的兴趣属于一般,课堂的参与程度还可以,用在语文科目上的时间相对英语和数学要少,对于小组合作制所知甚少。

2. 学生导师制的操作方法的研究。(1) 小组的建立:合作学习质量的提高离不开科学合理的分组。按照"组内异质、组间同质"的原则进行分组,可以使学生在合作学习中互相学习、共同进步。组内异质指小组成员在性别、能力、性格、学习方面等存在差异,组间同质是指各小组间实力相当,为公平竞争创造条件。

一个小组为六人,由学优生、学困生和中等学生组成,学优生的比例不能少于学困生,避免一个学优生带好几个学困生的情况,在学习过程中,可以避免学困生扰乱纪律,不能将学到的知识及时巩固的情况。同时分组也要考虑男生和女生的比例,一般对半安排,一个小组三个男生,三个女生,性别均衡,可以使活动的气氛更加活泼,在遇到不同的课型时,思维方式的不同可以使他们发挥各自的优势。

（2）小导师的确定：在学生彼此了解相对较少的情况下，由教师来指定小导师，小导师一般是学习能力较强，组织和沟通能力较强的学生，在小组内有一定的影响；通过一段时间的接触和了解，组员自行选定小导师，不同的课型可以有不同的导师，如果能够大家轮着做，能使更多地学生得到发展。

（三）选择研究方法

本文研究"学生导师制"的小组合作对于提高学生语文素养、提高语文学习成绩的作用，拟采用以下几种研究方法：

1. 文献法：通过查阅相关书籍、期刊、学术论文等方式获取与本课题有关的信息资料，特别是"学生导师制"与课堂的结合、课堂教学环境的影响因素、学生核心素养的培育机制以及与核心素养有关的理论，整理归纳已有的研究成果，了解国内外相关领域的研究现状和发展趋势，不断充实本课题的理论基础，使课题有丰富的理论支持。

2. 调查法：为了深入了解现阶段"学生导师制"小组合作在课堂教学中的应用现状，以及已有研究中"学生导师制"下的小组合作应用方式方法，寻找该研究的最佳状态，使得本研究更有目的性，采用问卷法、访谈法，有目的、有计划、有系统地搜集有关研究对象的相关材料，调查本课题研究实施前后师生特别是学生的发展情况，寻求最佳的语文教学方式。

3. 实证研究：通过对相关理论的总结归纳与提炼、问卷数据的收集整理以及访谈观点的精细梳理，设计"学生导师制"小组合作的教学案例，结合师生的教学反馈对初步的教学设计方案进行改进，并进行二次教学实验，力争做到"学生导师制"下小组合作的最佳课堂教学，构建出相对高效有趣的课堂教学方式。

（四）安排研究步骤

第一阶段：2017 年 12 月—2018 年 6 月。

成立课题组，进行课题设计、组织、资料搜集和申报，资料包括与小组合作、小导师和导师制相关的书籍、文献研究、访谈内容、综合实践等。

第二阶段：2018 年 6 月—2019 年 6 月。

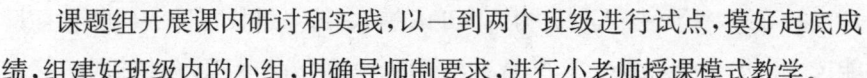

课题组开展课内研讨和实践,以一到两个班级进行试点,摸好起底成绩,组建好班级内的小组,明确导师制要求,进行小老师授课模式教学。

第三阶段:2019年6月—2020年12月。

总结验收,反思经验教训,进行班级成绩分析。

五、学生导师制小组合作的策略研究

(一) 建立一对一、一对多导师群体,明确角色与个体分工

1. 同质结对

组间同质就是小组与小组之间尽量减少差异,使各小组的整体水平相当,特别是学生的实践能力与思维能力的结构相当,尽量使各小组之间的竞争公平、合理。

同质结对是指组内成员根据好、中、差三个层次,同一层次的两个人互结为对子,形成两人小组,便于学生的交流。

如整本书阅读课《骆驼祥子》,小组合作完成思维导图,设置的问题有:祥子的基本信息? 祥子的命运走向? 为什么有这样的走向? 人物之间的关系? 作者的情感态度? 问题的难易程度是不一样的,一个小组中有的同学完成基本的如人物信息、人物关系等,较难的有人物命运走向和作者的情感态度,根据学生的水平,分配不同的任务,因为是阅读课,所以不一定是根据学生成绩来判定的,而是根据学生的阅读能力来决定。每一个小组的同学的能力基本相当。后面展开小组比赛也显得更加公平。

2. 异质分组

全面深入了解学生特质。观察学生的性格特征、了解学生的需求、掌握学生之间的人际关系,并且结合成绩特点,对学生进行同质结对,异质编组。

分层下的自主组队。基于初中生心理特点,学生希望自己做主组建或参与自己喜欢的小组,确立学生自主组队、教师参与辅助的原则。在合作学习模式中,同学们先自由票选出值得他们信任和认可的组长,实践班36人,通过学生自己票选出6名小组长,除组长以外剩下的30名同学按综合

考试的等第,每6~7人划分为ABCDE梯队,每个组长在每一梯队有且只能选一人加入自己的小组,并且满足组内至少两人与组长异性的同学等客观要求。这样的分组方式可以尽可能分流各成绩段的学生,实现优中差的合理分配,便于考核评价的公正公平性。

3. 流动管理

初中阶段是学生身心变化较明显的阶段,并且喜欢新鲜的东西,同一个小组编制长时间合作,容易降低合作的效率和成效,所以小组合作模式初期,基于低学生成绩存在不稳定的状态,并且每个同学有激情和热情,以半学期为单位,让更多同学参与小组管理;小组合作模式中后期,高年级学生以一学期为单位,让小组的运行更趋于稳定性。

4. 分工协作

认识自己。小组形成初期,每位组员参与活动积极度高,但是由于异质分组,每个学生的特质不同,在小组里面的角色又会有所不同,若由老师自上而下进行分工,难免会让青春期的学生心生被派任务的感觉,并且作为新任预科班班主任,和学生接触的时间过短,不能全面把握学生的特质,所以分工要发挥学生的主动性。

学生们已经对自己和同伴的优缺点有了一个初步的认识,引出小组组员角色,主持人(1人),报告员(1人),速递员(2~3人),教练员(1~2人),检录员(1人),设计师(1人),要求人人有事做,事事有人做,分工明确,职责清晰。

主持人:负责小组开展活动,组织成员有序完成各自任务;

报告员:负责汇总组员的想法,向全班汇报小组的讨论结果;

速递员:传递信息;

教练员:组内的小老师,负责组织帮扶教学活动;

检录员:负责检查和记录,对于听说读背等作业开展检查工作,并且记录小组积分;

设计师:负责小组展区的布置,负责组织语文活动。

如在案例《综合活动课——认识我自己》中,因为同学们彼此之间不是很熟识,所以小组长暂时由语文老师指派,选择接受能力比较强,组织能力比较强,肯负责任的同学。

(二) 明确合作学习目标

1. 提供学习目标

开始学习之前,语文教师要给学生提供明确的合作学习目标,使学生的合作学习活动具有方向感、责任感。确立学术目标,教师在课前给小组成员强调本堂课合作技能是什么,课堂目标转化为共同目标,该目标应当能符合小组的实际情况。

根据布鲁姆的认知目标分类理论,笔者给小组内不同水平的学生设置了不同的目标,如学习部编版六年级上册《丁香结》,教师将目标设置为:"鉴赏文中描写丁香结的文字,了解多角度描写手法;理解古代丁香结的含义以及作者对丁香结的看法。"对于能力一般的组员,教师引导其对相关知识进行理解,如多角度描写手法,思考过程可以参照前一课《草原》,《草原》的景物描写采用了远近结合、多感官相结合的手法,无不充满了作者对所描写景物的喜爱之情,《丁香结》亦是如此。

对中等及以上的学生,引导合作的问题考查"理解""分析""运用"能力,合作思考这个问题,古代丁香结的含义以及作者对丁香结的看法,教师提醒学生关注古代的两首诗歌以及对文章最后一句话的理解。小组针对教师设置的目标和提供的思路展开讨论。

2. 搭建交流平台

初中低年级学生发言的积极性较高,也喜欢举手回答问题,只是多偏向于简单的问题,稍有难度的可能就望而却步,再或者仅仅局限于个别同学,很多同学没有机会表达自己的见解。教师为组员间搭建相互交流的平台,在这个交流平台中,每个组员可以分享自己的真实想法,为实现目标群策群力,各抒己见。

还是以《丁香结》为例,在探讨"所以丁香结年年都有。结,是解不完的,不然,岂不太平淡无味了吗?"这个问题的时候,每个同学有不同的见解,有的同学认为,这是作者在埋怨人生困难烦恼众多,总也解决不了;有的同学认为作者用的是反问的语气,作者的意思是烦恼也是人生的一个组成部分，没有烦恼的人生是枯燥无味的……众多的意见在小组讨论的时候交融碰撞，激发出思想的火花。上台交流的时候有一个平常并不善于言辞的同学甚至有这样的惊人之句："何妨吟啸且徐行，归去，也无风雨也无晴"，说明他平常有很多积累，可是在课堂上不敢表达罢了。

在小组合作中就不一样，在导师制的小组合作中，轮流做导师的压力迫使每一名同学上台交流自己的想法，在小组合作讨论中，组员们也更容易在放松的氛围中发表自己的见解，有一些爱思考不爱表达的孩子，往往会有一些意想不到的想法。

3. 考查目标认知

为了检验学生对共同目标的掌握程度，笔者让组员讨论目标和计划，然后写在纸上，以小组为单位进行竞赛游戏，随机考查组员对于目标的认知。

小组合作的学习目标，有时候由教师设置，有的时候可以小组讨论决定，如《草原》除了描写手法的学习还需要理解蒙古族人民的热情，同学们则在此基础上，共同对"以声衬静"的手法进行探讨。因为有过类似的学习经历，所以他们对于教师布置基础之外的学习目标也很感兴趣。自主发起探讨，对文章的认识也就更深刻了。

（三）资料准备

1. 学习资料收集

教师资料收集和学生根据教学目标收集资料相结合。

如学习《七律·长征》，教师提供毛泽东的其他作品，如《忆秦娥》《清平乐》，学生则为了理解红军的革命乐观主义精神，查阅红军长征的相关资料，包括长征的原因，过程中的人员牺牲情况，还有相关的文学作品，如《金色的鱼钩》等。

2. 自主整理资料

在合作的过程中，语文教师会给学生提供资料，组员也会自己整理资料。

学生查阅好作品以后，会汇聚在一起，通过课堂的小组合作，整理出对

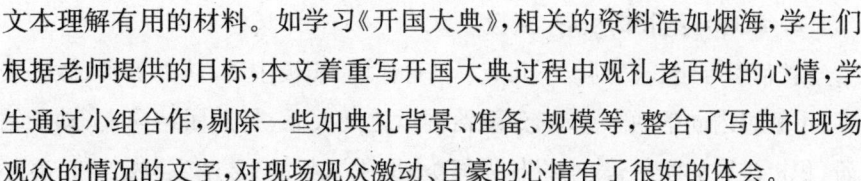

文本理解有用的材料。如学习《开国大典》,相关的资料浩如烟海,学生们根据老师提供的目标,本文着重写开国大典过程中观礼老百姓的心情,学生通过小组合作,剔除一些如典礼背景、准备、规模等,整合了写典礼现场观众的情况的文字,对现场观众激动、自豪的心情有了很好的体会。

3. 资料分享利用

教师引导学生对资料进行分享,引导小导师将这些资料进行最后的整理,并根据组员的任务重新分配这些资料,做到资料的合理有效利用。

如部编教材六年级上册《灯光》,同学们查阅了关于本文背景的相关资料、名家对于本篇文章的点评、作者自述等很多资料,为了理解主旨,教师引导小组长将这些资料整合起来,理解了"灯光"的含义,郝副连长舍己为大众的精神,也更深刻理解了"首尾呼应"这种结构方式。这些认识都是在大量搜集材料并整合的基础上完成的。

(四)"学生导师制"小组合作学习的实施

1. 教师优化对"学生导师制"小组合作学习理论的认知

教师应当对合作学习进行深入了解,对合作学习要素、合作学习特征、合作学习基本模式等问题具有清晰的认识,将合作真正进行到底。充分利用学习资源掌握合作学习理论,从整体上把握合作学习,通过理论上的学习,深入了解合作学习的本质精神,从理论高度审视合作学习出现的问题。在课堂上进行小组合作,不能"挂羊头,卖狗肉",为了合作而合作,而应该精心设计合作学习的过程,难易适当的内容,问题要有恰当的难度。

在实施过程中,教师应当走入学生当中,观察所遴选出来的小导师是否将重要内容传递给小组同学,与学生平等交流,学生才会从内心认可教师、认可小导师;教师灵活使用各种学生导师制小组合作学习策略,在吸收的基础上进行创造性使用,对容易出现的问题,如学生缺乏合作技能、小组自评缺失、角色互相依赖关系不理想等,进行及时解决。

教师之间也可以加强合作和对话,通过经验交流会、公开课、听评课等活动,互评互鉴,交流合作问题,分享合作经验,从而丰富合作理论储备。

2. 教师对组长的引导、点拨

教师引导组长做到以下几点：以身作则、积极主动、认真负责、做好表率；了解组内同学的思想动态，融洽同学之间关系，打造团结向上、勤于钻研、积极进取的团队；让小组长做好"小助手"，帮助"学困生"成长；培养小组长学会科学有效的管理方法。

教师指导组长如何分配学习任务，确保每个组员都明确个体责任，指导组长合作交流时，如何调动组员积极性，对于积极参与的组员报以掌声，游离于小组讨论之外的组员及时予以提醒，同时教师指导组长如何灵活协调，当出现意见分歧时，组长要耐心聆听双方意见，引导组员考虑对方意见的合理性，找出相一致的地方，达成一致性观点。总而言之，教师要培养组长组织、协调和调控能力，促进小组讨论的有效进行。

当对课文内容有异议，或者观点不一致的时候，教师要对小组长进行点拨，提醒他如何对突发状况进行处理，怎样在协调好组员关系的情况下，把需要拨正的知识点表述清楚。

具体操作有如下几方面：

(1) 分配学习任务

组长要明确任务目标，及时了解本组同学的学习状况，分配好学习任务，确保学习效果。

a. 关注任务的挑战性、开放性与层次性。指导组长设计任务时，考虑组员水平的不同，设计有梯度的问题，有的属于认知类，有的属于理解类，有的属于分析类。

如学习《两小儿辩日》，组长把词语解释、文学常识等基础问题分配给水平比较低的学生，孔子和小孩的形象分析分配给中等学生，主旨的分析分配给水平较高的同学。

b. 关注组员情感与好奇心。组长设计合作任务时不仅要引导组员的好奇心、激发组员的求知欲，也要考虑学科特点和本组学生的合作偏好与认知风格。

如某次作文指导课的主题是"我们班的……"，可以指导组员对本组的同学进行观察和近距离的访谈，组员们甚至可以关注同一名同学，然后展开比赛,看哪一名同学写得最生动,也可以写一个人,让大家猜,再或者和邻近的小组进行比赛,互相写对方小组的组员,看是否能够形象地写出来。

c. 关注时间的分配。组长分配任务时要关注合作任务和合作时间的匹配度,如果学习时间不充分,面对与个人关联度不强的任务,组员的注意力会发生转移,完成复杂任务需要更多的合作时间。

以综合活动课——介绍我自己为例,第一次小组合作,组员们讨论介绍自己的方法,因为一开始估计难度不高,所以小组花了15分钟讨论,但是讨论出来的方法并不全面,以致同学发言的时候一直停留在"外表",涉及人物内在内容较少,而且学生不会判断作文时什么内容该写,什么内容不该写,往往会突出"喜欢打游戏"之类的爱好,"暴躁,爱生气"等性格特点。

第二次小组合作,给了充足的时间,让组员们对手里的资料(名家写人的文章)进行充分的研读、归纳,总结出了一些方法,由外而内地表现人物,掌握了介绍自己的比较详细完整的办法。

(2) 调动组员积极性

小组合作中,学生导师作为老师的助手,肩负着调动组员积极性的任务。教师可以将以下调动积极性的方法传授给小组长。

a. 同伴互评。在小组合作学习的过程中,小组长会按照老师安排的任务合作共学。在组内交流的过程中学生对于同伴的发言不仅要认真倾听,还要对同伴的表现从完成速度、完成质量等方面给予评价。为了能得到同伴的肯定,学生会主动积极地学习,得到同伴肯定后,其参与小组合作学习的热情会更高。

b. 组间评价。在小组展示学习成果的过程中,第一小组展示合作成果之后,其他组要对第一小组的成果进行评价。这就改变了以往教师评学生听的局面,让学生真切地感受到自己做主人。通过这种评价,既使学生增强集体责任感、集体荣誉感,还进一步提高其分析能力。不同小组的组长之间应加强交流,多展开评价和竞赛。

c. 自我评价。在一节课近尾声的5分钟,给学生布置一个任务,对自己前35分钟的表现进行一个小结和自我评价。学生在自我反思和自我评价的过程中,回顾了一节课所学,收获了已经掌握的内容,遇到问题也可以自我调整和自我完善,如有疑问不能解决,可以记录下来作为下一节课小组合作探究的问题。

(3) 灵活协调,处理突发状况

小组合作的过程中会有一些意外的情况出现,如果教师并不在该小组指导学习,那么组长要承担起协调、处理突发状况的任务。

如《伟大的悲剧》一文,大家对于英国科考队员的行为有着不同的见解,有的同学认为斯科特他们为了英国的荣誉完全可以把挪威国旗拔下来,反正没有人能够证明挪威人先到。这个认识,在七年级同学的人生观和世界观中不能算是令人不齿,因为他们认为祖国的荣誉高于一切。但是另外的小组却有着完全不同的认识,认为应该要尊重事实,不能因为科学丧失为人的基本准则,作者称这个"悲剧"是伟大的,也一定是认同斯科特他们的行为的。对方同学表示不解,因为他们的举动非但没能维护英国的尊严,后来还遭遇了大风雪,导致丧生,太不值得了。双方争执不下,教师就应该指导小组长,利用他自己掌握的资料和他自己的分析来给同学们做一个讲解,深入地理解文本,理解茨威格将他们称为英雄的原因。

3. 强化学生合作意识和技能的培养

(1) 选择有效的合作时机

合作首先应该要选择有效的合作时机,即在小组共同遇到难关的时候,组员之间进行讨论,同组之间的同学就一个难点开展相关的资料学习,合力解决问题。

如《古代诗歌三首》中辛弃疾《西江月》的"稻花香里说丰年",容易出现的一个错误是"稻花香里人们在谈论年成丰收",但同组的同学马上会指出,这是在半夜时分,人们再兴奋也不会到稻田里去谈论年成丰收。多个人分析,更容易发现疏漏的点。

其次,培养学生的自信心。语文老师应及时对合作学习过程中合作意识强、积极承担个体责任、主动帮助他人的同学给予奖励,往往一个学生成功的结果会引起他人的注意及模仿,语文教师的及时反馈不仅有利于让合作者体会成功,从而获得自信心,而且对其他同学起到了激励作用。

当组员们在讨论的过程中遇到困难的时候，大家相互的鼓励是弥足珍贵的，如《散步》一文言简意赅、纸短情长，很多同学对于文中写到的情感不理解，有人因为一直和爷爷奶奶生活在一起，也有过相似的经历，所以说起来头头是道，给了组员很大的启发，负责发言的同学对于汇报的内容更有把握了。

（2）教师和学生导师正面示范

培养合作技能，除了培养好的小组长之外，还需要通过正面示范的方式向学生说明可以采用怎样的方式完成合作目标。教师可以告诉学生，大家可以就一个问题给出各自的意见，吸收别人的想法，结合自己查阅到的资料进行分析，教师以合作者的身份与学生一起互动学习，教师可以参与学生的讨论，或者在巡查的过程中听到争论激烈的问题，及时给予学生指导，帮助学生利用各种合作完成任务。最后，合作学习结束后，教师要及时引导学生评价合作学习，尤其注重小组的自我评价，可以参照表格来完成。

合作技能主要从以下几个方面进行：

一是倾听的技能。

小组长尤其要关注组员的发言，学会边听边记，概括重点，抓住别人与自己不同的要点，自己的不同意见，要等他人发言结束再予以提出，在过程中要互相尊重，善于站在对方立场考虑问题，尊重对方观点，接受他人意见后，要对他人的帮助表示感谢。

如《伟大的悲剧》一文，大家对于英国科考队员的行为有着不同的认识。这个时候很容易起争执，那么教师就要教导学生要学会倾听，听取别人的意见，然后结合课文进行分析谁的观点更合理。

二是表达的技能。

表达技能在合作学习中能得到最大限度的展现和培养。乔治·雅各布斯在《共同学习的原理与技巧》中列举的三大合作学习技能"组成小组的技能、小组活动的基本技能以及交流思想的技能"大部分都是在不同情境下的表达能力的培养。因此，在合作学习中，教师要注意培养学生的表达能力。引导小组长发言前要打好腹稿，必要时可以列提纲。

小组合作讨论结束以后,每个小组需要派代表上台讲解,当然不能随意为之,如果随便上台一定不会取得预期的结果,每一个同学在上台的时候就是小老师,需要把知识传授给同学,所以需要事先打好草稿或者列好提纲。

如学习《古代诗歌三首》,在每一个小组上台之前,都需要写好稿子,给学生导师或者语文教师过目,看看每一个人的知识点是否有重复,能否把问题说清楚,其中如果有提问的环节,也可以设置好问题,有苏轼的《六月二十八日望湖楼醉书》中的问题,"未遮山"怎么看出来这是一场暴雨;辛弃疾的《西江月》的"七八个""两三点"怎么理解等。

三是求助的技能。

合作讨论的过程中,组员会遇到各种各样难题,对于难题的解决,如果讨论没有结果,可以由小组长向其他小组或者老师求救。

如学习《十六年前的回忆》,同学们小组讨论李大钊对于工作的信仰和生死关头的抉择出现分歧,讨论也未果,教师则可以参与他们的讨论,引导他们查阅文天祥、闻一多等人的资料,阅读孟子的《鱼我所欲也》,学生的思维能更上一个台阶,稍微了解这些志士们的人生观和对革命事业的信仰。

4. 总结活动交流

教师要带领学生对小组合作的成果进行整合,对小组合作的效果进行自评。

小组讨论结束,代表发言之前,教师要提醒小组长带领组员进行资料整合,组内成员应进行自评,自评能为小组的合作提供有益的反馈。教师教给小导师自评的技能,再由小导师传授给组员,总结活动交流的有益经验,分析问题以及存在的原因,以及下一步的改进计划。

学完部编版六年级下册第六单元(鲁迅单元,本单元每一课都采用小组合作的方式),小组在组长的带领下对为期一个多星期的小组活动进行总结,以下为总结报告。

小组一:这一个单元的学习让我们小组对鲁迅先生有了一个全新的认识,之前看到的很多作品或褒或贬,都是从大处入手,这个单元的《我的伯父鲁迅先生》让我认识了一个生活中的鲁迅先生,我们小组的丁同学查阅到萧红女士回忆鲁迅先生的作品,让我们对鲁迅先生有了更加全面的认识,也更理解了"横眉冷对千夫指,俯首甘为孺子牛"的意思。

小组二:这次小组合作让我们认识到,"独学乐,不如众学乐",大家的资料整合在一起真的很丰富,对鲁迅先生这个人物的认识更丰富了。臧克家的诗不太好懂,我们在小组讨论中花了很多的时间,但后来有了老师的加入,我们的许多困难也迎刃而解了。

……

5. 自省

自省是一个反思自我、提高自我的过程。由于认知能力有限,多数学生处于不自省、不自知的阶段,所以在"学生导师制"的小组合作中,教师要引导小组长和组员学生学会自我肯定,欣赏自己的进步,要学会检讨自己的行为举止,充分吸收小组中其他成员的优点。要能够自我反思表达上的不足,归纳知识上的缺陷,主动寻求自我进步的方法。

学完鲁迅单元,有的小组的总结正是从自省这个角度来完成的(教师引导)。

小组六:我们小组在合作的过程中总体是比较愉快的,大家一起搜集、整理资料,一起开诚布公地交流、各抒己见,但在理解臧克家诗的过程中,两个同学意见发生分歧,以致起了小小的口角,组长没有及时制止。后面事态有点"严重"了,有的同学就趁机起哄,所以纪律一度出现问题。这时候,大家也没有想到向老师求助,有的一知半解就上台去讲了,所以小组整体表现就比别的小组逊色了。以后在小组合作中还是要把整个小组看作一个整体,一荣俱荣,一损俱损,同学之间出现问题,也不能只靠组长,每一个同学都有义务来调解,讨论出现意见分歧的时候也要多向老师求助。

(五)评价方式

1. 建立合适的评价指标

小组合作多元评价是促进学生个性化发展的有力手段,也是促进核心素养培养的重要途径。老师引导学生参与评价,尊重学生的主体地位,尊重不同学生的个性、需求、能力,鼓励学生展示自己的认识和见解,引导其他学生接纳别人的观点，在思想的碰撞中让自己的思维更加活跃，从而对问题有新的见解。小组合作评价可以激发学习积极性，促进核心素养的培养。在诸多评价方式中，表格式是一种比较直观的评价方式。通过评价，教师对合作的效果就有了比较直接的认识，组长工作是否到位，任务分配是否合理，材料搜集、整理完成得好不好，小组成员有没有积极参与活动并很好地完成任务，有没有认真倾听，合作气氛如何、效果如何，一目了然。小组合作中遇到什么困难，怎么克服的？表格中都有，也便于后期的资料整理和形成成果。

2. 教师引导小组进行评价

教师评价首先重视评价的激励功能。学习过程评价与学习结果评价相结合，侧重于对过程的评价。关注小组合作学习的过程重于关注结果。学生是如何讨论的？讨论中是否遇到困难？又是如何解决的？过程中小组合作成员是否团结合作？教师对个人的评价还包括参与的态度和表现的能力等。

对合作状况进行评价。教师作为教学活动的指导者、组织者，有时候甚至是参与者，应把重点放在尊重学生的主体地位，培养学生的自主能力和创新精神上，让学生动、让课堂活，关注合作的态度，关注各成员是否能相互合作，彼此之间有无遇到困难，对于表现优秀的小组教师要及时表扬。

对合作效果进行评价。小组合作学习既能体现集体的智慧，又能培养学生的合作意识。对于合作效果的评价着力点定位在学生能否不断进步与提高上，自己与自己的过去比，只要比自己过去有进步就算达到目的。只要小组合作，完成既定目标就算效果良好。

3. 学生自主评价

学生不论作为个体还是小组组员，是活动的主体，活动的参与者和受益者，小组合作的效果如何，学生自我的评价应该相对是比较真实的。所以设计了评价表。具体说明部分是指说明该问题的结果为什么自主评价为某个等级。

小组合作自主评价表

小组合作自主评价表		
自评项目	结果(完成程度)	具体说明
合作之前所查阅的资料对课堂解决问题是否有效	☆☆☆☆☆	
课前的疑窦是否得到解决	☆☆☆☆☆	
对课文的理解有没有比上课之前更深入清晰	☆☆☆☆☆	
对课文的理解有没有比上课之前更深入清晰?请具体说明	☆☆☆☆☆	
愿不愿意再继续深入探讨和学习	☆☆☆☆☆	
小组合作总体表现如何(小组合作中,提出的意见是否具有建设性?能不能和同组成员精诚合作?有没有掌握合作的方法?)	☆☆☆☆☆	

如学习《古代诗歌三首》后,教师通过学生的自主评价和测试卷了解到学生导师制的小组合作在学习诗歌中是比较有效的,学生对于诗歌内容的理解比单纯的教师讲解来得深入。

六、研究成果

(一) 梳理了小组合作的相关理论研究,探索了新的小组合作方式

通过梳理相关文献,发现小组合作是当下一个热门话题,如郑杰《为了合作的学习》和胡庆芳《有效小组合作的 22 个案例》,但是培养小导师,施行"学生导师制"下的小组合作的相关研究并不多,本文正好涉足该领域的研究,并初有成效。

(二) 改变学习方式,提高学习效果

1. 丰富了学生的学习途径

以往的学习方式主要来自教师的教授,而新的模式下,老师和学生能更好配合,课前预习更充分,课后的交流更多,学生改变以前互相独立的状态,大家互相帮助,共同进步,特别是在学习方法上,彼此间相互影响,很多

学生逐渐养成良好的习惯,如搜集资料、自主学习、主动记笔记等。同学成为学习的新对象,同龄人的影响力有时候要甚于老师。有时候学生不好意思向老师询问,但会乐于向同伴请教,因为学习水平和能力相近,同伴的讲解可能会更清晰有效。

2. 学习兴趣得到提高

问卷调查结果表明:学生导师制小组合作学习教学模式激发了学生的学习兴趣,促进了学生课堂的主观能动性,学生由消极等待老师解答,转变为积极思考、探究,若解答不了,立刻与周围同学讨论交流,增强了小组合作的效果。

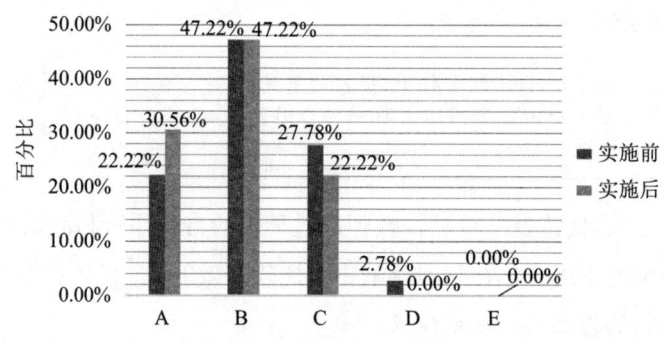

学生对教师提问的反应情况

(A. 主动积极思考、探究,若解答不了,立刻与周围同学讨论交流;B. 主动积极思考、探究,若解答不了,等待老师讲解;C. 尝试解答,若解答不了,等待老师讲解;D. 看一下,觉得自己会的就动笔做一下,不会的直接等待老师讲解;E. 等老师讲解完再做思考。)

在学生导师制小组合作学习中,在和小组产生意见分歧时,能静下心来倾听他人的想法,学生的团队合作意识逐渐形成,互相帮助,取长补短,学生的责任感不断增强。

通过学生导师制小组合作学习,82.86%的学生认为其对所学知识的掌握更加全面和深入,57.14%的学生认为学习负担减轻了,79.41%的学生认为自学能力得到了提升。通过调查结果得知,习惯了传统课堂教学的学生非常期待教师在教学方式上能有所创新。

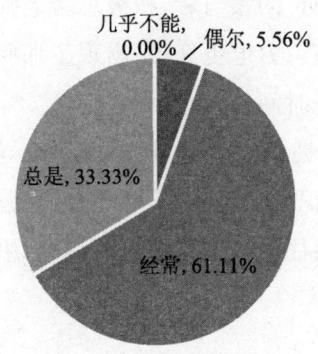
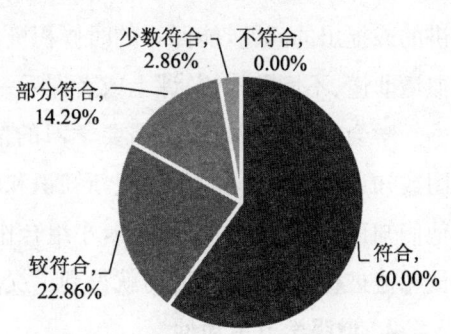

在和小组产生意见分歧时，你能静下心来倾听他人的想法吗　　在学生导师制小组合作学习法中，你对所学知识的掌握更加全面和深入

学生对学生导师制小组合作学习的评价表明：与传统课堂相比，有94.29%的学生认为在学生导师制小组合作学习教学上的学习效率是高效的，在进行学生导师制小组合作学习教学法时，53.57%的学生认为更有利于知识长久地牢固地掌握；60.71%的学生认为能够更有把握、更有针对性地解决一些问题；57.14%学生认为能够更清晰地了解自己是否掌握某个知识点，若没掌握是哪方面没掌握；53.57%学生认为通过小组合作学习、讨论，能够集思广益，学到更多东西；所有学生（100%）都表示喜欢新的教学方式。这些数据证明了学生导师制小组合作教学方法是有效的，实用性强，深受学生的喜爱。

综上，学生导师制小组合作学习法能够激发其学习的主动学习和小组合作能力，提高学生对语文学习的兴趣。在学生导师制小组合作学习教学法的课堂中，多数学生认为可以更好的完成教学任务，并在学生导师制小组合作学习过程中提高了学习语文的自信心和合作交流的能力。教学方法的改变也减轻了学生的负担。多数学生认为学生导师制小组合作学习教学法的教学效率和教学效果都比传统课堂的更高。因此，学生导师制小组合作学习教学法在教学中有着极大的优势。

3. 增强自主学习能力

通过小组合作的学习，学生能够做到：有准备的去听，听课前会先预习，找出不懂的知识、发现问题，带着知识点和问题去听课；参与交流和互动,不要只是把自己摆在"听"的旁观者,而是"听"的参与者,积极思考老师讲的或提出的问题,能回答的时候积极回答,注意力也更集中;出现了那些似懂非懂、不懂的知识,课上或者课后一定会花时间去弄懂。

学会整合知识点。把需要学习的信息、掌握的知识分类,做成思维导图或知识点卡片,同时学会把新知识和已学知识联系起来,不断糅合、完善他们知识体系;学会高效总结,小组合作的最后往往都是组员进行总结,组员轮流进行总结,总结能力就得到了提高。

4. 增强学习主动性

通过学生导师制小组合作,学生们学习语文的主动性得到了提高。表现欲强是初中低年级同学的一个特点,给同学们做老师,上台讲课,都是他们喜欢的活动,所以他们很喜欢这样的课型,都能积极主动地参与学习活动,具有强烈的学习动机和浓厚的学习兴趣,表现为"我要学",他们乐于交流,喜欢提问、思考、争论,在学习活动中不断地变换思维方式,自由地应对多样的教学组织形式、教学方法和教学内容,学习目的更明确,课前和课后更积极完成相应的任务。

在面临干扰和问题时,学生能保持高度集中的注意力,自觉主动地排除外来干扰,在面对困难和挑战时,不退缩也不逃避,而是集中注意力,积极分析问题和解决问题。

以学生为主体的课堂让每一位同学在课上的表现都可圈可点,讨论有效而有序,很少出现有人游离。

5. 提升了学生的整体学习成绩

成绩是衡量教学质量好坏的一个重要标准,虽然每次考试的难易程度略有不同,但成绩能够一定程度衡量对于知识的掌握程度、学习效果。成绩优秀的同学,基础知识能通过自学基本上掌握,在和别人的交流过程中,能够加深自己的记忆。对于文章的阅读,这部分同学通过自己的阅读,已经掌握了一部分,在做小导师的过程中,通过与别人的交流,会加深理解,从而促进成绩的进步。

从考查结果看,不管是综合活动的个人介绍还是诗歌的当堂训练,实验班的成绩高于对照班的成绩。而且在访谈中,同学们一致认为自己整理

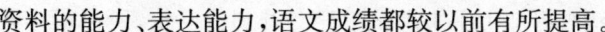

资料的能力、表达能力,语文成绩都较以前有所提高。

自我介绍评价标准,满分100,满足字数,按照介绍的顺序完成,且语句通顺,没有错别字,70分,有肖像、动作描写加10分(要求突出特征),爱好、性格特征明显加5~10分,语言流畅优美,字迹漂亮加5~10分。

最后成绩:实验班均分83.3,对照班均分81.6。可见,实行学生导师制小组合作教学方式可明显提高学生整体成绩。

6. 增强合作能力

在合作过程中,我们根据课题的不同进行了不同形式的合作,如有的是对组员分配不同工作,如记录员、纪律员、汇报员等,有的是每个组员都是资料收集者、汇报员,在收集资料、整理资料、汇报的过程中,学生对文本有了更深的解读,学习的主动性得以增强,课堂中没有完成的研究,他们在课后还会探讨和搜集进一步的资料,同学之间由彼此竞争的关系转化为合作的关系,不仅组员之间进行合作,小组之间也进行合作。积分制的实施更促进了同学们学习的积极性和组内的团结性。

7. 增强人际交往能力

合作使同学之间的了解增多,为了解决共同的问题精诚合作,有些不擅长交流和表达的同学在导师制小组合作中得到了锻炼,变得勇敢和自信,大胆表达自己的观点,并且试着用更好的方法教授同学,增进了友谊。

(三) 形成新的上课模式

从被调查的老师观点看,大多数人认为这是教学改革的一次创新,新的教学模式改变了教师单向授课,唱独角戏的局面,学生更多地参与到课堂教学中,表现更主动,活动过程中学生的热情更高,他们的表达及思维能力得到锻炼。这种教学方式也一定程度减轻了教师的工作量,把时间交给一部分能力强的学生,教师不必一堂课从头讲到尾,既避免了有时候上课的枯燥,又有了更多观察学情的时间,更多了思考的时间。

1. 完成综合活动课的新探索——"学生导师制"下的小组合作进行"介绍我自己"的综合活动课

综合活动课是语文教材上比较重要的一个内容,但由于缺乏现成的教案,教师缺乏相关的经验,再加上平常考试不会考查到这一块,所以很多教师都视而不见,并不以为意,但是既然是课程设置的一部分,而且活动的内容又十分生动,再加上中考语文的考查越来越偏向素养和能力,所以探索综合活动课的上法是非常有必要的。"学生导师制"下的小组合作的研究探索正好与这种课程的教法研究相契合。

课堂的开展一反往常课堂教学的沉闷枯燥,学生们兴致盎然,并且学习效果良好,人物介绍的小短文,实验班的成绩高于对照班。

2. 完成了古诗教学的新教法的探索

古诗是一个比较难讲授的内容,讲浅了涉及不到重点,讲深了学生不容易理解。以往对诗歌条分缕析的讲解比较枯燥,学生也不容易理解,所以容易造成课堂的沉闷,学生的记忆更多偏向重复性的机械记忆,不容易留下深刻的印象,导致在测试之前无数次的重复还无数次地遗忘。通过实验班的小组合作活动,组员们在小导师的带领下高效完成课堂内容,经测试,成绩要高于对照班同学。三首诗共 30 分,每一首诗涉及诗句默写、词语解释、文学常识、内容理解,实验班的成绩为 27.2,对照班的成绩为 24.2,更令人欣喜的是,学生研究诗歌的热情高涨,下课了依然还在讨论怎样把内容讲得更好。

(四) 研究成果获得肯定

在研究期间,课题组成员多次开展讨论活动,开设若干节研究课,利用教研活动契机,讨论课例,听取静安区教研员范晶老师的指导,并在华东师范大学董蓓菲教授的指导下完成写作清单的编写,形成《小学生写作清单》一书。本研究发表相关文章 2 篇,即《合作让课堂更精彩》发表于核心期刊《语文课内外》,另一篇文章《"n+1"模式:基于合作学习理论的班级管理策略》发表于嘉定《进修与研究》。

七、研究结论与进一步思考

(一) 研究结论

学生导师制下的小组合作把学生导师制和小组合作相结合,由学生在教师的指导下向全班同学授课,学生导师所传授的知识来源比较广,既可以是教师传授,也可以是小组讨论的结果,或是学生导师自己研究的成果。由学生来做小老师,一方面是根据学生发展的心理特点,即青春期的学生,有时候同伴的效应比教师的影响力来得更大;另一方面是学生在做小导师的过程中会对所讲授内容进行深入的研究,能促进他们对文本或活动内容的理解,还能在准备的过程中思考如何将内容讲得深入浅出,并且还可以锻炼他们的表达能力、组织能力和课堂的驾驭能力。

小组合作为组员们解决疑难问题提供一条新思路,就是可以在遇到困难的时候大家围坐在一起群策群力想办法,可以一起搜集资料、整理资料、筛选资料,不同的同学提供不同的看法,大家对这些看法进行分析,组长协调讨论中出现的问题,培养同学们人际交往能力,其中尤为重要的是作为学习的主体,学生的学习主动性增强了,学习语文的兴趣更加浓厚了。他们的思维与品质也在这个过程中得以发展,思维与品质属于语文核心素养"四维"中的一维,导师制的小组合作能够锻炼学生思维的深刻性、灵活性、独创性、批判性、敏捷性和系统性六个方面。优秀的思维品质来源于优秀的逻辑思维能力。

语文教师要根据学生的身心特征以及思维发展的特点来改进教学内容、改变教学方法,抓住初中阶段是从初级思维向抽象逻辑思维过渡的关键时期,进行有效的教学,培养好学生的思维品质。

在活动的过程中,可以采用每组一个学生导师上台讲授讨论内容的方式,导师轮流做;也可以采用小组一起上台讲课的方式,总之,形式是多变的,终极目的就是学生的发展。

(二)"学生导师制"下的小组合作实施存在的问题

1. 学生方面

(1)小组之间存在差异性

因为小导师的学识水平、协调能力、组织能力、准备程度等的不同,小组组员之间的差异性,每个小组的发挥各有参差,小组在课堂的表现不尽相同,有的小组的准备是充分的,讨论是有效的,也有的小组敷衍了事,甚至有的小组成员浑水摸鱼，轮到发言的时候推三阻四，甚至通过猜拳来决定，显得草率而凌乱，学习效果自然也不尽如人意了。

(2) 上课纪律有待提高

小组讨论如果没有强有力的组长组织进行，很容易出现混乱的情景，对于六年级的学生来说，做到收放自如还需要一段时间，同学上台讲课的时候，有的人容易走神或者私下里小声说话，导致课堂有时候需要教师去维护秩序，一定程度影响了课堂的进度。

(3) 适合"导师制"小组合作的课型还需要不断地探索

本研究进行了几次课堂的实验，比较典型的是一堂活动课和一堂诗歌教学课，活动课的效果要优于诗歌的教学，活动课本身需要活跃的气氛，导师制小组合作正好能做到，而诗歌教学因为知识点比较多，而且情感的理解又有一定的难度，所以效果不甚明显，所以在课前准备和引导方面以及课堂的任务布置方面需要改进，比如文学常识、词语意思、诗歌大意可以让小导师带领组员进行，情感的理解更需要教师的引导。

2. 教师方面

(1) 缺乏系统的学习理论

新的教学模式要想顺利实施，就离不开正确理论的指导，老师是课堂的重要引导者，因此他们对这种教学方式的领悟和认识，对于课堂效果的好坏有重要影响，有些老师单纯地认为小组合作学习只是简单的分组，然后学生自己学习，造成了课堂学习的效率低，浪费了大量的时间。但真正的合作是通过合理分配，引导大家参与到交流讨论中，并进行相关指导，进而达到目标。需要强调的是，老师在此过程中从台前到幕后的角色转换，不代表放任自流更不是老师从此就轻松逍遥了。学生的认识能力如果比较低下、纪律性较差的话，课堂非但无效，反而会造成混乱。

(2) 没有充分发挥引导作用

通过侧面观察，可以看到大多数情况下，老师在下达学习任务后，就任由同学们自己探讨，表面上看，大家都在积极发言，小导师也领导得不亦乐乎，但事实上，有些同学的注意力已游离在讨论之外，发表意见的也往往是少数人，剩下的都是倾听者。

（三）进一步思考

学生导师制的小组合作是小组合作的一项改进,更是传统课堂的大变革,它带来的益处是显而易见的,虽然还有一些缺点,但若加以改进,就会是一项全新且卓有成效的授课方式。在以后的研究中,可以从以下几个方面加以改进。

1. 减少小组成员

本研究过程中有的小组中某些学生发言的机会不多,只有少数几个优秀学生在课堂上活跃,部分学生不参与讨论,可能导致差距加大。维果茨基认为,学生的发展有两种水平,一种是现有的能力,另一种是通过教学可以发展的潜力,这两者之间有一个区域,当学习的知识在这个区域时,学生能更有效地提升自己的能力,当学生与同伴共同学习时,更容易找到"最近发展区域",从而能学得更快。

当所有人为一个目标聚集在一起,他们依靠相互团结力量达到目标,在学生导师制的小组合作中,导师的能力可能不足以指导五个人,那不妨就将成员减少到四个,指导效果也许更明显。

2. 传统授课与合作教学相结合

在访谈中部分学生也提出,如果能将传统授课方式和导师制的小组合作相结合,会更好。首先通过集体教授的方式向学生们传授知识要点,之后通过学生导师制的小组合作方式促进学生很好地掌握所授内容,一部分先掌握的学生指导没有领会的同学,达到教学上的循序渐进,促进所有学生对知识的掌握,构建知识体系,达成教学目标,保证知识的巩固。

3. 根据不同的课型分组

语文的课型比较多样,有阅读课、作文课、综合实践等,不同的课型采取不同的教学方式,不同的课型进行形式多样的分组,可以考察学习的成绩、人际交往能力、对教学任务的积极性等,分成不同的组别,以完成不同类型的任务。总而言之,分组不能固化,而应灵活多变。

（四）研究的展望

班级管理,采用"n+1"模式和"积分制",充分调动小组合作的兴趣和小老师的积极性，在班主任的统筹下完成各项工作，在各学科的学习中由小组中每门科目的擅长者进行指导，这是语文小导师制的延伸。具体操作策略可参照论文《"n+1"模式：基于合作学习理论的班级管理实践策略》。

参考文献：

[1] 李博.基于合作学习的有效课堂提问研究[D].曲阜：曲阜师范大学,2019.

[2] 黄俊.小班环境下提高初中英语合作学习有效性的策略研究[D].南京：南京师范大学,2011.

[3] 丁平.高效教学新突破"学教合一"的理论与实践[M].重庆：西南师范大学出版社,2017.

[4] 王坦.合作学习简论[J].中国教育学刊,2002.

[5] 潘洪建.有效学习的策略与指导[M].北京：北京师范大学出版社,2013.

[6] 朱池平,李静.合作学习技能与培养[J].课程教育研究,2017.

[7] 汤丽.初中语文阅读教学中的小组合作学习[D].长春：东北师范大学,2016.

[8] 陈丽艳.职业中学语文"合作学习"教学模式研究[D].新乡：河南师范大学,2006.

[9] 孙旻.中学语文课堂中的合作学习研究[D].桂林：广西师范大学,2012.

[10] 吕宁.中学语文合作学习探析[D].曲阜：曲阜师范大学,2011.

[11] 杨彩燕.小组合作学习在初中语文教学中的实践研究[M].昆明：云南师范大学出版社,2016.

"综合活动课——介绍我自己"案例分析

在教学过程中,引导学生通过小组讨论学习新内容,深刻理解重点知识,掌握合作技巧。根据小组合作学习的要求,结合六年级语文学科特点,将小组合作学习设计为六个环节:诱导产生合作动机—明确讨论主题—明确个人责任,设置合作目标—小组合作探究—学生分享交流—小组自我评价,以部编教材六年级第一单元综合活动课介绍我自己课堂教学为例。

【教材分析】

本节内容为部编版六年级上册第一单元口语交际——介绍我自己。

如何介绍我自己才能恰如其分写出自己的特色,让人家对你有深刻印象?有哪些可操作的方法?

【学生分析】

学生刚刚入学三个星期,彼此间不熟悉,给工作和学习带来一定的困扰,学生们对如何有条理地介绍自己缺少方法。

【学习目标】

介绍自己的特征,让同学们深入认识自己,增进同学间的情谊,为以后的相处奠定基础;培养口语表达交际能力,准确地表达。

培养写作能力,让学生学会写人。

【过程】

1. 通过讨论和协商明确小组目标及小组成员学习任务,从而增强组员间的相互依赖程度。

2. 通过组员间面对面交流,促进学生们相互鼓励和支持。

3. 通过填写小组任务分工表,确保每一个同学投入合作学习中,明确个体责任,增强学生合作意识。

4. 通过组员间相互交流,培养学生倾听、表达方面的合作技能。

步骤一：诱导产生合作动机

结合班级情况，了解到快速认识同学的必要性，了解到只有恰到好处的介绍，才能让人对你留下深刻印象，介绍自己需要哪些方法呢？听听小伙伴们的介绍。

设计意图：开放性问题的设置，引发学生想要表达的积极性，使学生意识到交流对自身的重要性，从而培养学生的合作意识。

步骤二：明确讨论主题：借助资料，学习作家们是怎么写人的。

小组收集资料，可参考的资料有：罗曼罗兰《贝多芬传》，巴尔扎克《欧也妮葛朗台》，鲁迅《呐喊》，巴金《家》等。

设计意图：组员们把各自收集的内容进行汇总，从而找到介绍自己的不同方法。

步骤三：明确个人责任，设置合作目标

小组正式合作学习前，由学生导师对小组合作目标进行具体讲解，组员面对面讨论小组学习目标来建立团体意识。每组将讨论结果填写在小组目标设置表上，内容包括组别、小组成员姓名、小组目标，如何实现目标等。以下为目标设置表：

目标设置表

目标设置表	
组别_____ 成员_____	
如何实现这个目标：	
是否实现这个目标：	

设计意图：没有组员间的互相信赖，就没有合作，小组成员在学生导师的引导下通过讨论确定小组合作目标，从而进一步促进个体理解他们是一种休戚相关的关系，增强组员间的积极互赖关系，此外，通过明确个体角色分工，推动学生积极承担个体责任，努力投入学习，避免有的同学浑水摸鱼。

步骤四：小组合作探究

【教学片断】

学生导师：我们小组来探讨介绍自己的时候需要用到的一些方法，大家从资料中总结出有哪几种？

组员一：我关注到他们在描写人物的时候无一例外会用到肖像描写，但又不是"炯炯有神的眼睛、小小的嘴巴"那一类，似乎都极其传神，比如写鲁迅先生，就写他根根直立的头发，一字形的浓黑的胡须，似乎是他的经典肖像。

组员二：写人不是写套路式的性格，作为名人有一些特点是广为人知的，要写出他的另一面才能让人有深刻的印象。

......

设计意图：通过创设面对面交流情景，促进学生们相互鼓励和支持，产生面对面促进性互动。

步骤五：学生分享交流

小组成员通过探究形成一致意见，由汇报员向全班同学交流成果。每组由小导师决定派出一名代表上台介绍自己。由其他同学通过投票决定优劣。

案例分析：

1. 优化教师对合作理论的认知。笔者施教期间，邀请了组内老师进行观课，老师们表示对合作学习效果非常满意，表示愿意去尝试一下这种新的教学方式。

2. 提高团体成员对合作要素的理解。学生们从各自为战到合作探究，对于写人的系统化有了新的认识。彼此间有了互相依赖的关系，这能促进后面新的知识的学习。

3. 建立有效的语文合作学习小组。小组组建采用混合编组形式,确保小组内成员实现互补,小组确定讨论主题后,由组员自我选择角色,由组长对角色进行协调,让每一名组员都在讨论中发挥作用。

4. 提升合作技能。如何选择资料?怎样进行整合?怎样把它们表达出来?彼此之间如何合作?在课堂上,同学们都解锁了新的技能。

5. 引导团体成员重视小组自评。合作学习结束后,教师提供给学生自我评价表及组员间互评表,帮助组员审视自身的优点和不足,提高自身的自我反思能力。

课例"综合活动——介绍我自己"师生访谈

教师访谈:

问:请问您对"学生导师制"下的小组合作这堂课有什么看法?

陆同学:这是一种新的教学方式,学生兴趣很高,小导师准备充足,组员学习认真,还做好了笔记。语言表达比较流畅。

蒋同学:这种上课方式很新颖,和之前的小组合作有所不同,它不是单纯的小组之间讨论,是有一个小导师的,这位小导师感觉能力很强,不但自己准备得充分,而且对于组员的指导也是头头是道,他们小组有个同学对"肖像"这个概念不懂,他非常耐心地进行指导,发言的时候分配任务有条不紊,组员也非常配合。只是前二十分钟学生指导时间过长,导致后面交流的时间不够充分。以后可以把讨论的时间放在课下,这样上课的容量可以再大一点。

学生访谈:

问:你觉得"学生导师制"的小组合作有趣吗?对你的学习有什么帮助?

小导师1:为了给同学们讲授知识,必须自己先把知识理解透彻,通过给同学们讲授,自己也更加深了印象。

小导师2:课堂很有趣,做小导师虽然会做很多准备比较辛苦,但能学到很多知识。

组员1:组长讲得不如老师清楚,但自己为了听清楚会非常专注,而且会有很多的问题产生,越问越清楚。

组员2:课堂更有趣,更放松,一节课下来不会觉得很疲惫。

问:有什么问题存在吗?

小导师1:可能自己表达能力的问题,觉得组员们学得都不是太好。

组员1:组长讲不清楚,不如老师讲得好。

组员2:有时候有点闹。

问:你希望以后还上这样的课吗?

小导师、组员:希望上,但是最好老师讲课和小导师讲课相结合。而且,组长不要规定那几个人,可以让有兴趣的同学轮流做。

反思:

这是一节语文综合活动课,综合活动课如何上,没有固定的模式可以遵循,用"学生导师制"下的小组合作是一条新的思路,课堂活泼生动,学生参与度高,效果相对比较明显,过程中,教师不再具体向每一名同学传授知识,但会指导小导师如何指导同学和提出要求,如介绍过程的详细讲解,做好示范,提醒关注到每一名组员,选好发言代表等。在课堂上观察到的情况有:有的小组长领会能力较强且准备比较充足,组员们吸收到的知识相对较多,有的小组长表达能力相对弱一些,会通过笔头让组员记下来,有的小组长要求比较高,要求组员记好笔记,有的小组长比较随意,自己没有充足的准备,也没有对组员提出要求,也有的小组长认为做小组长太累,给同学们讲太吃力,但还是认认真真完成了任务。

从笔头完成的情况来看,实行"学生导师制"小组合作的班级,自我介绍的文段写得总体更生动一些,教师传授的班级学习能力、自控能力强的学生学得更好,有一部分学生则容易走神,上课效率比较低。

《古代诗歌三首》教学案例分析

这一课的授课方式是这样的,由两个小组研究一首诗歌,然后全组成员一同上台给同学们讲授,学生导师在上课之前给组员安排探究任务,有的讲文学常识、字词解释,有的讲诗歌大意,有的讲内容和思想。每个小组、每一名组员都有发言的机会。

小组合作任务表

小组合作任务表	
组别_____	任务_____
学生导师:	
组员1	
组员2	
组员3	
组员4	
组员5	
组员6	

教师访谈:

1. 请问诗歌教学采用"学生导师制"的小组合作,您感觉有什么异于平常课堂的地方?

张老师:孩子们一定课前做了很充分的准备,对于文学常识、诗歌中重要字词、诗歌的大意都掌握得很透彻,对诗歌的感情也有比较清楚的认识,在小导师的组织下,组员们有条不紊地介绍相关内容,有的设疑,同组同学答疑,研究同一首诗歌的同学也能补充,展现了充分的学习热情和学习能力。课堂气氛活跃,虽然是下午第一节课,却没有出现恹恹欲睡的场景,真是一堂精彩的好课。

康老师:教师在课前的引导很重要,我看到小组同学手里拿了一张小纸条,是老师提示的问题,同学们在小组长的带领下,钻研问题,得出了一定的结论,有的问题已经有一些深度,如"日暮客愁新"的"新"字,如景物描写有什么作用等。就是有时候有的同学比较兴奋,有点纪律方面的小问题,需要组长管理一下。

2. 如果在您的课堂上,会采用这种方式吗?

李老师:两堂课我都听了,学生的表现一如既往地踊跃和活泼,如果是我的课堂,我会在做综合活动的时候采用这种方式,更能激发同学们的上课的兴趣。但是诗歌这块,我们班级可能学习能力上需要再培养一段时间才可以进行。

陆老师:我感觉这种合作方式不是漫无目的,有小组长引导和组织,更有序,也更高效,我也会在上课时采用这种方式。很值得推广。

学生访谈:

1. 觉得学生导师制的小组合作教诗歌,跟以往的传统课堂相比,哪一种你更喜欢?为什么?

林同学:我和小组成员一起上台给全班同学讲课,觉得很紧张。可是一旦我们做好了充足的准备,大家还是能有序地把知识传授给同学,但是同学提出的问题有的超出了我们的能力,没有办法回答,后来回到座位,大家又讨论了一下,终究还是明白了一些,经过老师最后的总结,非常清楚地明白了"新"字的作用,和写景的作用。和传统课堂相比,我更喜欢这个导师制的小组合作。

彭同学:小组合作之前初中有组织过,但是当时好像有点混乱无序,老师布置了任务同学们就七嘴八舌开始讨论,没有这么系统,目标也不明确。跟传统上课方式相比,我更喜欢这种"导师制"的小组合作方式,因为我们在小组长的带领下,有秩序地进行合作,而且因为要展现在同学们面前,所以准备的过程也不能马虎。加上,同学们还会对我们的讲授内容进行质疑,我们更不能掉以轻心。通过这一堂课的学习,我对诗歌的内容,尤其是情感,把握得更深入了。

反思：

诗歌教学在初中低年级的开展一直是一个困扰老师的问题，文学常识容易混淆，诗歌大意难以理解，诗歌的主旨更是让学生如坠云雾之中，往往是被死记硬背记下来的，很快就会被遗忘。但如果将授课的主动权给学生，让他们通过查阅资料、组员之间的讨论自己得出结论，他们对于诗歌内容的理解就会深入，有的能力比较强的小组甚至已经关注到了，如《宿建德江》里面的"新"等比较有难度的字，他们通过合作通过与老师的交流，对诗人的情感有了更深的认识，加强了记忆。

每一个小组都上台讲解，小组长协调，能力较弱的同学关注字词、文学常识等方面，能力强的同学讲授内容和思想感情，通过较多的研究，组员对本组讲授的诗歌熟稔于心，有了较深刻的认识。

课外阅读指导

(1) 人性类文本

罗本岛 B 区 5 号的修行者

我从开普敦乘船到罗本岛参观,同船的都是小学生,熙熙攘攘,大约是到岛上接受爱国主义教育。1999 年 12 月 1 日,罗本岛被联合国教科文组织正式列为世界文化遗产。它能让世界为之铭记,是因为这里囚禁过曼德拉①。

曼德拉被独自关押在 B 区 5 号,监室只是一个所有缝隙都被抹平的水泥匣子。牢房内,只有一卷薄毯、一张小桌、一个饭盒和一个马桶。无法想象身高 1.83 米的曼德拉,如何在这只有 4 平方米多一点儿的逼仄空间里,日复一日辗转腾挪,度过了 6 000 多天!

政治犯们顿顿薄粥,食不果腹,衣不蔽体。对于这一切,曼德拉早已做好了准备。在审判他的法庭上,曼德拉说:"在我一生中,我已经把自己献给了非洲人争取生存权利的斗争……我希望为这个理想生活并去实现它。如果需要,我也准备为这个理想献出生命。"

正因坚定的信仰和足够的心理准备,曼德拉把极端单调艰辛的牢狱生活过得有声有色。

每天清晨五点半,岛上的监狱守卫就会敲起震耳欲聋的大钟,把犯人从睡梦中拉起床,曼德拉马上开始体育锻炼。他给自己制定了计划,每星期一至星期四早晨,在牢房里原地跑步 45 分钟,并做 100 个俯卧撑、200 个仰卧起坐、50 次下蹲。每天放风的半小时,在院子里坚持跑步。

曼德拉不屈的声音,不断从罗本岛与世隔绝的牢房里,通过种种孔径传播出去,回响在从好望角到林波波河南非辽阔的土地上。"我们将把种族隔离制度在群众运动之砧和武装斗争之锤中间砸得粉碎。"

除此之外,曼德拉在监狱里最重要的事,就是孜孜不倦地学习。他认为学习在监狱里是仅次于探视权的权利,比任何优待都重要。曼德拉开始攻读伦敦大学的法学学位,继而学习经济学。曼德拉成功地把罗本岛变成了他的大学,把自己从一个愤怒的领导者变成了深思熟虑的沉静学者。曼德拉的一位狱友曾这样评价罗本岛对曼德拉的影响。他说,……早年间,他感到愤怒就会发作,所以他有意锻炼自己,他的精神状态在提高,在转向和善礼貌热情,他变得更沉静更温和。

1996年9月,罗本岛成为国家博物馆后,很多过去的犯人和看守都回到岛上,成为志愿者,向游客讲述当年的故事。

导游说,1994年,曼德拉在自己的总统就职典礼上,邀请了罗本岛上监押他的看守。仪式结束后,曼德拉走到当年的狱卒面前,平静地说:"在走出囚室,经过通往自由的监狱大门那刻,我已经清楚,如果自己不能把悲伤和怨恨留在身后,那么我其实仍在狱中。"

这种转变何其艰难?要知道,曼德拉之所以坐牢,是因为领导"非洲之矛"从事暴力革命。南非白人政府曾提出,只要曼德拉宣布放弃暴力反抗,就可以释放他,但曼德拉断然拒绝。

在南非实行白人统治和种族隔离制度的300余年里,黑人四分五裂,从未建立过统一国家。他们过着痛苦而麻木的生活,心目中只有自己的部落、酋长,或满足于在与白人隔离的"黑人家园"。白人不把黑人当成同胞,黑人也不把"白人的国家"当成自己的家。曼德拉曾坦承,自己在入狱前坚信,南非共和国是白人压迫黑人的统治工具,除了推翻它,黑人别无翻身可能。但经过在狱中的反思,他清醒地认识到,打破种族离篱笆,不只有希望渺茫牺牲巨大的暴力一途,可以另谋佳径。他决定放弃报复,融化仇恨。曼德拉以无与伦比的政治气度,摒弃前嫌,与前白人总统德克勒克政府达成政权的和平交接。他最后完成了理想的胜利。

人们常常惊异——在饱受白人欺凌、战友被害、妻离子散、身陷囹圄整整27年之后,曼德拉怎能做到如此超脱?罗本岛上的岁月是一个关键的转折点。在这与世隔绝的18年里,一个伟大的思想转折在此萌生,曼德拉的生命由此翻开了新的一页。他决定将南非当作自己的国家，建立统一的、多种族平等相待的新南非。

返回开普敦的船上，我还是与小朋友为伍，他们乖乖坐着，比早上赴岛时沉静了许多。

我问一个穿着绿色校服的黑人小女孩："嘿！今天你记住什么了？"她想了一下，眨巴着大眼睛说："我要做一个马迪巴②那样的人。"我点点头，心里想的却是，这谈何容易！山水斧削，与时代一同浇筑了巨人。就算你有超凡的禀赋和火热的责任感，可你，不一定会遭逢生命中的罗本岛。

（作者：毕淑敏，载《青年博览》2021第11期。）

【注】①曼德拉：南非反种族歧视和隔离的领导者。后参加南非总统竞选获胜，担任南非总统。

②马迪巴：是南非民众对曼德拉的爱称，意思约略等于"父亲"。

教师指导：你从本文中认识到的曼德拉是怎样的一个人？你最欣赏他什么？

学生读后感1：

我最欣赏曼德拉的胸怀

他在罗本岛仅有4平方米多的牢房中生活了18年，他却没有一丝怨言，每天坚持运动和学习。后来在1994年总统就职典礼上，他没有向曾经的狱卒露出一点愤恨，相反他平静地表示：若是保护怨恨，那就仍在狱中。他饱受白人欺凌，战友被谋杀，妻离子散，被监禁27年后仍然为国家思考着，为黑人的权利奋斗着。

我们这些普通人是很难有大胸怀的：有的人因一些小事斤斤计较，有的人因对他人的看法改变决定，有的人遇到不幸便无法解脱出来……我们要向曼德拉学习，学习有那"比太平洋和大西洋加起来还要宽阔"的胸怀。

学生读后感2：

《罗本岛B区5号的修行者》读后感

我最敬佩曼德拉在经受长达27年的囚禁之苦后，能够宽恕监押自己的看守，放下怨恨，告别仇恨，胸襟开阔。

因为能够做到这一步，对于一个27年——九千多个日夜不曾离开过监狱的人，即使这个人不是一位曾经领导过"非洲之矛"，从事暴力革命的人，只是一个普通人，也是艰难艰难再艰难的。我想象不到，他的胸怀得有多么的广阔博大。毕竟，常人对于小事都难以释怀，何况如此？

在狱中度过这么多年，经历那些痛苦后，却将悲伤与怨恨留在狱中，原谅那些伤己至深的人，无疑非常伟大，值得敬佩。

不怕别人变好

害怕别人变好，尤其是害怕身边的人比自己更优秀，可以说，是普遍的人性。嫉妒心也就是这么来的。强烈的嫉妒，几乎是摧毁性的。你很容易发现这种人，他们的一生，就是在诋毁比自己出色的人中，不停地沉沦。

既然嫉妒这么坏，为什么会成为这么普遍的人性呢？可能在繁殖层面，它有作用。人原本不过是基因的工具，我们长得这么健壮，只是为了保护基因、传递基因。从基因的角度看，人的唯一目的就是繁殖。嫉妒是以最粗暴的方式争夺资源，母亲的乳汁是有限的，食物是有限的，成本是有限的……别人不变好，就是自己得到更多；别人变好，就是自己的损失。

从老师的角度来看，那些嫉妒班级第一名的孩子不可理喻，因为最终的竞争并不是在这几十个人中展开。大家的水平都高，可以全上好大学；大家水平都低，也可能没一个人考上大学。你是与全国的考生竞争，你的同学好，对你是有好处的，因为你可以从他们身上学习，从而变得更好；如果你的同学都很差，这确实能满足你的虚荣心，可对你并没有什么好处。

视野一大，格局一大，嫉妒心就会慢慢消解。人受基因驱使，又慢慢挣脱基因的奴役，有了自由意志，会做很多基因并不想让人做的事。基因认为人如果没有繁殖能力，差不多就该死了，但人类会通过技术拼命延长寿命，也能找到其他海量的乐趣与意义来充实此生。

不怕别人变好。这是人格局变大的体现，是挣脱基因奴役的体现。

为了得到这点认知，人类也付出了惨重的代价。他们原来相信战争，杀光对方，自己拼命繁殖，其实这是摧毁式的竞争。直到工业革命出现，市场力量变大,才普遍转向交易式竞争,人们不必彼此屠杀、彼此嫉妒,我们各做自己擅长的,结果奇迹一般,所有人的处境都会改善。

在中国,交易式竞争的优点还没成为普遍认知,摧毁性竞争的声音还很大。教育出来的孩子,往往具有两个弱点中的一个:一是喜欢强势压制他人,原型是摧毁式的竞争,将欺诈与抢夺视为主要手段,当这种强势无法得到满足时,往往诱发嫉妒,以获得心理安慰。二是变成无私奉献的"圣母",不敢争取和维护自己的利益,以示弱示惨为生。两者凑在一起,就是虐待狂与受虐狂,都不正常。

交易式竞争,是后天习得的。我维护我的利益,你维护你的利益,我做好我的事,你做好你的事,我们分工合作,双方利益更大。我不怕你变好,只怕你不变好。

我们应该做一个自己不停地变好,同时也让别人不停地变好的人。有了这种认知,你会发现,别人的进步,别人的优秀,都是你的资源。你的朋友都是亿万富翁,你怎么可能会穷呢?你的朋友都聪明,你再笨,也有一流的智囊。

(作者:连岳,载《意林》2019年第13期。)

教师指导:你会有害怕别人变好的时候吗?如果没法控制这种想法,我们该怎么做才好?

学生读后感:

《不怕别人变好》读后感

这篇文章的观点是我们要在自己不停地变好的同时,也让别人不停地变好。交易式竞争——各自做好自己擅长的,会使所有人的生活都变得更加美好,会让所有人的处境都得到改善;摧毁性竞争——充斥嫉妒与残暴的竞争,会让一切变糟。

人们应当分工合作,使双方利益最大,达到"双赢"局面。我们不该"诅咒"别人不好。当别人优于自己,我们可以向他(她)请教,向他(她)靠齐,而非嫉妒。

譬如,学校考了一次试,同学甲比同学乙高了10多分,而原本他们成绩相近,那么同学甲不应当嫉妒乙,也用不着不平衡,甲可以向乙"取经",问问乙突飞猛进的"诀窍",向乙一点点靠近,同乙一起进步。

再比如,面对小组任务,组内成员要互相帮助,各施所长,不要太"独",太自私,要学会合作,否则非但难以成功,反而不利于大家,还有伤情谊。

视野远一点,格局大一点,学习"交易式竞争",一切总能解决,一切总能变好。

(2) 航天类系列

"飞天"舱外航天服是怎么做成的

新华社7月4日电,神舟十二号航天员刘伯明、汤洪波从空间站天和核心舱节点舱成功出舱,身上穿着的我国自主研制的"飞天"舱外航天服在太空中格外醒目。

120公斤重的舱外航天服,是航天员执行出舱活动的铠甲。它像一个人形飞船,充上一定的压力后,可保护航天员的生命安全,抵御外太空的高低温、强辐射等。

那么,这件比黄金还贵重的"飞天战袍",是由什么做成的?又是怎么做出来的?

舱外航天服是航天员生命安全的保障。生命安全无小事,体现在工艺上就是复杂且精密。

舱外航天服的软结构,包括上下肢和手套,从里到外是舒适层、备气密层、主气密层、限制层和热防护层等,既能抵抗太空风险,又能穿着舒适、行动灵活,重而不笨。

据了解,仅做一副舱外航天服下肢限制层需要260多个小时,而装配一套舱外服需要近4个月……这已经是最快速度了。

舱外服上的头盔面窗,是航天员进行出舱活动时观察外界的窗口。

头盔面窗有多层,最里层为双层压力面窗,是整个头盔的承压密封结构,呈曲面型,直接关系到航天员的生命安全,必须做到绝对安全可靠。

"且不说它的承压材料要经过多少轮的选择、测试,光密封加缝合就耗时两个月,一共完成47道工序。"中心研发与总装测试部副部长邓小伟说,就拿面窗除尘来说,先吹洗,再不间断擦拭两小时左右,直到肉眼看不到一丝灰尘。

航天员在舱外活动时会产生热量,需要穿上给身体降温的液冷服。

液冷服是由弹性材料制成的,全身上下全是细密的小孔,供42根液冷管路线均匀穿过,每两孔间穿1厘米的线,全身上下铺设100米左右,就得穿20 000个孔,尤其是头部的蛇形分布线路,得穿出个太极图。

(文章来自《青年文摘》2021年,第17期)

这次,中国要放一个大炮仗

邓稼先,1924年出生于安徽怀宁县一个书香世家。翌年,他随母亲到北京,在担任清华、北大哲学系教授的父亲邓以蛰身边长大。他5岁入小学,在父亲的指点下打下了很好的中西文化基础。1935年,他考入志成中学,与比他高两级且是清华大学院内邻居的杨振宁成为最好的朋友。

邓稼先在校园内深受爱国救亡运动的影响,1937年北平沦陷后秘密参加抗日聚会。在父亲安排下,他随大姐去了大后方昆明,并于1941年考入西南联合大学物理系。

1945年抗战胜利时,邓稼先从西南联大毕业,在昆明参加了共产党的外围组织"民青",投身于争取民主、反对国民党独裁的斗争。

抱着学更多的本领以建设新中国之志,他于1947年通过了赴美研究生考试,于翌年秋进入美国印第安那州的普渡大学研究生院。由于他学习成绩突出,不足两年便读满学分,并通过博士论文答辩。此时他只有26岁,人称"娃娃博士"。

1950年8月,邓稼先在美国获得博士学位9天后,便谢绝了恩师和同校好友的挽留,毅然决定回国。

同年国庆节,在北京外事部门的招待会上,有人问他带了什么回来。他说:"带了几双眼下中国还不能生产的尼龙袜子送给父亲,还带了一脑袋关于原子核的知识。"

故事中的真实人生

1958年秋,二机部副部长钱三强找到邓稼先,说"国家要放一个'大炮仗'",征询他是否愿意参加这项必须严格保密的工作。邓稼先义无反顾地同意,回家对妻子只说自己"要调动工作",不能再照顾家和孩子,通信也困难。从小受爱国思想熏陶的妻子明白,丈夫肯定是从事对国家有重大意义的工作,表示坚决支持。从此,邓稼先的名字便在刊物和对外联络中消失,他的身影只出现在警戒森严的深院和大漠戈壁。

邓稼先就任二机部第九研究所理论部主任后,先挑选了一批大学生,准备有关的俄文资料和原子弹模型。1959年6月,苏联政府终止了原有协议,中共中央下决心自己动手,制造出原子弹和人造卫星。邓稼先担任了原子弹的理论设计负责人,他部署同事们分头研究计算,自己也带头攻关。

邓稼先不仅在秘密科研院所里费尽心血,还经常走到飞沙走石的戈壁试验场。1964年10月,中国成功爆炸的第一颗原子弹,就是由他最后签字确定设计方案的。他还率领研究人员在试验后迅速进入爆炸现场采样,以证实效果。他又和于敏等人投入对氢弹的研究。按照"邓—于方案",终于制成了氢弹,并于原子弹爆炸后的2年零8个月试验成功。这同法国用8年、美国用7年、苏联用4年的时间相比,创造了世界上最快的速度。

邓稼先长期担任核试验的领导工作,本着对工作极端负责任的精神,在最关键、最危险的时候总是出现在第一线。

一次,航投试验时出现降落伞事故,原子弹坠地被摔裂。邓稼先深知危险,却一个人抢上前去把摔破的原子弹碎片拿到手里仔细检验。身为医学教授的妻子知道他"抱"了摔裂的原子弹,在邓稼先回北京时强拉他去检查。结果发现在他的小便中带有放射性物质,肝脏被损,骨髓里也侵入了放射物。

1985年,邓稼先最后离开罗布泊回到北京。医生强迫他住院并通知他已患有癌症。他无力地倒在病床上,平静地说:"我知道这一天会来的,但没想到它来得这样快。"

(载《云南教育视界》2021年第8期)

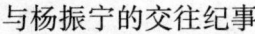

与杨振宁的交往纪事

北京六部口有一对童年时期的好朋友，大两岁的是杨振宁，小两岁的是邓稼先，他们分别是清华大学数学系教授杨武之和哲学系教授邓以蛰的孩子。数十年的友谊是从逮知了的大树上，从弹玻璃球的泥地上开始的。这友谊一直延伸到了大洋彼岸。1950年，获得博士学位即将回国的邓稼先与杨振宁、杨振平兄弟俩在芝加哥市分手。此后20年，邓稼先杳无音信。

1972年，杨振宁第二次来华。有关部门批准邓稼先在自己的家中接待他童年的朋友。

杨振宁来的那天晚上，大院里特意放电影，把人们都引到电影场上，楼里显得别样的清静。杨振宁一进屋门，环视片刻，便径直向书架走去。这已是一个纯粹的医学专家的书柜，除了最显著位置上的两本著作和厚厚一叠特意摆放的祖国风光明信片。

杨振宁回过头来，含笑的眼睛颇有意味地盯着他的朋友。早在1964年，他就从美国报纸上关于中国第一颗原子弹的报道中看到了邓稼先的名字。他不愿点破，只是微微地点点头，像在说，你收拾得很干净。

和杨振宁在一起，邓稼先总感到有点紧张。他害怕童年时代的朋友会突然问起他的工作。可是杨振宁像是忘了这桩事。

这出戏直到杨振宁离开北京去上海时才结束。邓稼先去机场送行，当他把老朋友送入停机坪时，杨振宁转过身，沉默了一会儿，终于问："稼先，我在美国听人说，中国的原子弹，是一个美国人帮助搞的，这是真的吗？"邓稼先的神情惊愕起来，他激动地张了张嘴，可是立刻又把嘴唇咬住了。好一会儿，他才说："你先上飞机吧。"

飞机腾空不久，邓稼先便向上级报告并请示了他遇到的提问。总理明确指示：可以告诉杨先生，中国的原子弹全部是由中国人自己研制的。

激动万分的邓稼先迫不及待地写了封信，立即交专人乘民航班机赶往上海。杨振宁是在上海市为他饯行的宴会上接到这份急件的。当他拆开信封，一眼看到熟悉的邓稼先的笔迹——"全部是由中国人自己研制"时，泪水夺眶而出。

（文章来自网络：https://qb.zuoyebang.com/xfequestion/
question/82c2a6bb04acf74b85e7503b662d41f9.html）

教师指导：读完航天类的文章，请自选一个角度进行评论。

学生读后感1：

伟大源于爱国

我想从"报国"这一角度来谈谈我的认识。

在第二篇"这次，中国要放一个'大炮仗'"中，我看到无数爱国科学家为了祖国科技发展与进步，先后回到祖国的感人场面。

他们放弃了国外更优厚的环境、资源，回到了百废待兴的祖国，为她贡献自己的一份力量。其中，也经历了重重阻碍。归家的路再艰难，他们也没有放弃。因为他们深知，国家需要他们，需要他们带动科技的发展，使列强不敢轻易攻击中国。

邓稼先加入了原子弹研制的科学家队伍。他不能告诉父母妻儿自己要去做什么，所有他的同事也都不能。但他们还是走上了这条危险辛苦的路。直至成功爆破，邓稼先只身涉险，手捧核弹头，受到了强辐射而早逝。临终前，他说："我不爱武器，我爱和平，但为了和平，我们需要武器。如果没有武器，那便是落后。落后呢，就会挨打。以后研制原子弹的战士们，是在保护全中国人民，使他们不再挨打。"这也是报国。

为了报国，何止区区专业，甚至连生命，他们也可以托付给祖国。

学生读后感2：

爱国情怀和赤胆忠心

我选择他们的爱国情怀和赤胆忠心来述说自己的观点。

在《有一种专业叫"国家需要"》一文中，我见识了学霸、伟人们的天才智慧和爱国的热情，而他们都有一个特点——都转过专业。他们个个都是智慧超群的人才，也不乏对自己专业的热爱，但是为什么要换专业呢？这就和当时的国情有关系了。

钱伟长，曾经的一个历史系、国文系天之骄子，因为"国家需要"他于是转到了物理系，深研物理；钱学森，本想效仿詹天佑，选择了机械工程系，但也因"国家需要"，他义无反顾投身于航空机械……是啊，他们都有自己所热爱的和追求的，但是只是因为国家需要，于是奋勇直前，为我国科研方面添砖加瓦去了。

作者通过小标题的形式，表现了每一位对中国有着启发意义的伟人求学路上的历程。他们有着清醒的头脑和理智的思维，知道国家现在需要的是什么，知道自己要学什么才能帮助国家进步。正如作者所说的那样，有时候，我们缺少的不是试卷满分，科科名列前茅的人，而是像他们一样能把真才实学给予国家的人。

所以，也就不难理解"国家需要"的专业是什么，也不难理解他们的选择。

学生读后感3：

不为祖国效力的工匠不是好工匠

"两弹一星"对我国的发展、安全的重要性是不可埋没的，正是因为"两弹一星"，我们国家才得以迈入军事科技大国的行列。但是"两弹一星"的成功来自谁呢？有多少人？我们不能确知，因为他们当中有滞留五年得以回国的钱学森，有受核辐射而早逝的邓稼先，有因飞机失事却奋不顾身保护机要文件的郭永怀，有开国元帅聂荣臻；还有无数的工程兵、隐姓埋名的科学家……国家花如此大量的人才搞"两弹一星"值得吗？值得！因为"两弹一星"代表国家科学技术，只有拥有高科技，国家才能安全地发展，国家才能富强。只有国家强大，每个人才能有幸福的生活。

"工匠精神"也极为重要。我们都知道神舟十二号成功发射，却不了解那三件醒目的航天服。120公斤重的舱外航天服可保护航天员安全，这件"飞天战袍"比黄金还贵重，它的八个部分都要经过繁多的工序和排除细微误差……只有航天技术发展，中国才能走在科技前沿，才能强大，人民也才能幸福。

总而言之，国家与人民是密不可分的，只有人民努力建设，国家才能强大，才会有人民的美好生活。因此，我们，乃至整个国家，都应从小做起，从

身边做起,为祖国效力。(姜信宇)

(3) 奥运系列

奥运会最大冷门,给我上了一堂哲学课

万万没有想到,不怎么看今年奥运会的我,会被一场将近 4 小时的自行车比赛,爆出的夺冠大冷门所感动。

她叫安娜·基森霍夫(Anna Kiesenhofer),在这场东京奥运会女子公路自行车赛之前,没有人知道她是谁,现在,她的名字已经响彻全球了。

安娜冲线时连 CNN 都不可思议地称:"这是奥运史上最大的冲击之一。"

为什么这么说呢?

因为她没有教练,没有队友,没有队医,独自一人首次参加奥运会女子公路自行车赛,凭一己之力碾压荷兰名将、前世界冠军安妮埃克·范·弗洛腾(Annemiek van Vleuten),为奥地利赢得了 125 年以来首枚自行车比赛金牌。

我看了这场比赛的回放,没有现场解说,没有背景音乐,没有飞速的刺激和紧张,只有汽车和无人机载着不同位置的摄像机发出的轰鸣马达声和一群人在公路上骑自行车而已。

镜头不断拉近、拉远、切换,137 公里赛道的东京风景尽收眼底,一度以为自己看的是一场治愈系风光大片,但仿佛又让我看到了漫漫人生旅程的隐喻,路上行人有的结伴而行,有的你追我赶,有的孤勇奋战……朝着人生最终的方向驶去。

而安娜,在犹如一生那么漫长的 4 小时比赛里,一直是那个纯粹的,坚定的,享受自己旅程的独行侠,只是恰好第一个到达了终点。

我在她身上看到了发挥到极致的忘我无他的拼搏精神,看到人要如何坚持自我超越自我,甚至看到了人在内卷的混沌里如何脱身的方法论,我敢说,她比任何人都值得这枚金牌。

可有意思的是,当落后 75 秒的荷兰名将弗洛腾冲线时,一度以为自己就是冠军,还老练地张开双臂微笑庆祝和迎接群众的欢呼。

等她和教练激动地拥抱完,得知冠军另有其人时,失落瞬间爬满了脸庞,看见她在现场一直追问,谁是安娜?

我猜她甚至有点冒火,如果比赛时有人提醒她前面还有人,说不定可以追得上。

不看公路自行车赛的观众可能不了解,荷兰对这个项目是具有垄断优势的,今年女子世界巡回赛十站,荷兰队狂赢了其中八场,近乎于中国乒乓球队一样的存在。

许多业内人士也很早就达成共识,公路自行车比赛的个人英雄时代已经过去,更多比拼的是团队协作和战术策略,没有队友互相配合帮忙,一个人单枪匹马几乎不可能拿到好的名次。

所以这一次比赛,荷兰队派出了"王炸"四人组,四个人的过往履历都非常耀眼,两个奥运会冠军,两个世锦赛冠军,用两位"公路一姐"加另外杰出小将保驾护航,金牌势在必得。

开局她们就有说有笑的,感觉像去郊游。

还有英国队、德国队虎视眈眈,都派出了成绩优异的车手,几乎都是媒体眼中热门的冠军候选人。

比赛一开始,就可以看得出来她们的团队战术早已在各大比赛中磨练得十分娴熟,队员轮流当"破风手"骑在主车手前面做保护,在大部队里冲出去又退回来,互相给队友空间。

因为谁骑在前面,风阻就越大,风阻越大,越耗体力,大家都觉得一直领骑当兔子不是一个好的比赛策略,只有团队轮流领骑才可以最大程度减小风阻,节省各个队员的体力。

大部分车手都不会急着冲出去,人多的优势还体现在需要补给时,主车手可以不减速度,让队友去取补给,再分发给自己和其他人。

她们还可以利用团队作战,不断观察其他选手的位置,互相牵制,压着速度,让自己的队友一直处于有利的位置。

这明明具有压倒性的优势,怎么就把唾手可得的金牌弄丢了呢?

因为单打独斗的安娜,完全不按牌理出牌啊。

她一开始就选择冲了出去,一路当兔子领骑,不管什么风阻大小,只是疯狂向前奔袭。

安娜一开始就冲出来了,按照专业车手的常识,是很少有人这么快就冲出大队伍的,因为很难避免后续体力不够的问题,但安娜在赛后接受采访时说,"不要太相信权威"。

她在过去的一年半里,一直在为奥运专注备赛,其实对比赛做了详细的计划,查看了时间,计算可能会在什么时候完成多少公里,计算必须吃多少食物,从营养和设备到训练和战术,完全自己归纳总结。

"我不是那种只会踩脚踏板的骑手,我要当自己的教练。"

也许正是安娜的职业背景养成了她独立思考的习惯,谁也不会猜到她竟然是个一路读数学读到博士后的学霸,精通5门语言,发表过多篇学术论文,骑自行车只是她的业余爱好。

她用数学的方式研究比赛,在一个月前研究了东京气温,结合自身做出了适合自己的热适应表,记录体温超过38.5℃时的反应。

路况研究也不能落下,137公里的赛道从东京郊区开始,进入乡村,最终在富士山脚下的富士赛道结束,中间要面对富士山和三国山两次艰难的爬坡,总共2 692米。

她也计划好一开始就要发起攻势,尽力让自己保持靠前的位置,而实际也确实是,在比赛开始后不久,安娜就与大部队选手拉开了10多分钟的差距,这样的领先优势大到几乎所有人都忘记了她的存在。

记得刘瑜曾说,一个人也要像一支队伍,对着自己的头脑和心灵招兵买马。

安娜从头到尾就是自己训练配营养组装备,搜集比赛数据资料制订策略,加上她全程给自己领骑,生活中也只跟自己信任的人做朋友,一个人活成一支队伍这句话,在她身上展现得淋漓尽致。

而真正的队伍在干吗?

她们的确一直在认真执行着策略,荷兰的几个队员在最后大概10公里时还在为冲出去的弗洛腾压着大部队的速度,挡着其他对手冒头,车手之间不得不在大部队里内部消耗。

可这样反而更加拉开了所有人和安娜的距离,让她们更加没机会看到最重要的对手。

弗洛腾在冲刺段时,甚至能站起来骑行摇车,看得出来明明还存有体力,但是用了这些所谓的比赛策略,金牌如囊中取物,她似乎找不到再拼尽全力去争取更好成绩的理由。

然而奥运会不提供无线通话设备,她从头到尾都不知道前面还有安娜,也没有人提醒过她。

这不禁让人想问,比赛的意义到底是什么?是为了比别人骑得更快吗?是为了自己能拿第一,所以要不择手段踩着别人吗?

安娜·基森霍夫交出了完全不同于她们的答卷,她说自己不会过多关注外部的变化,其他人的选择都是不可控的因素,她就只是专心地骑行,做一匹孤狼,纯粹地,忘我地,拼尽全力地骑行。

看得出来她是真的热爱自行车,在奥地利,自行车比赛一直属于冷门项目,国民关注基本为0,也只有她认真起来,申请了去参加东京奥运会。

但她对奥运会比赛设定的最好成绩目标,是第25名,这更像是一个对自我的挑战目标,所以假如她在独行过程中,最终被对手超越,也不是什么大不了的事情,她一心一意只想做好她自己,做好她最爱的项目,而唯一的对手也就是她自己。

最后冲刺阶段,安娜简直不敢相信就她一个人。

回到我们自己身上,在这个快节奏的时代里,我们是不是也在长久的竞争中,迷失了自己,甚至在养孩子这件事上,也无意识地让孩子加入了这种永远只盯着别人的竞争内耗中。

我是一个什么样的人,我要成为什么样的人,我要做什么,我喜欢什么,我的目标是什么……这些需要不断向内探索的命题,是每个孩子们成长中必不可少的追问,可身在激烈的竞争中,在追求高分和名校的单一标准下,这一切都在比较中被抹杀,被跳过了。

龟兔赛跑里,乌龟最后战胜了兔子,人们都认为是因为乌龟没有叫醒兔子,但其实也有可能是乌龟对竞争和胜负没有兴趣,它只是在享受向前走这件事而已。

很多人常把"只和自己比"用作竞争落后时的自我安慰,但安娜在用自己的亲身经历告诉我们,"只和自己比"才是完全甩开内卷格局的人生终极命题,金牌、名利、声望或者金钱,都只是旅程中的附加物。

安娜说:"不要放弃,坚持做适合你性格的事情,你只需要遵循你的直觉。"

我想,我会学着对孩子说同样的话。

(文章来自网络:https://www.sohu.com/a/482150809_649931)

马龙:一个用刻苦战胜天才的天才

马龙,男子乒乓球世界排名第一的运动员,第一个男子"全满贯"获得者。一个用刻苦战胜天才的天才,如何走出心魔。

没流过那么多汗。

2016年里约奥运会,乒乓球男单第四轮比赛,韩国选手郑荣植对阵中国选手马龙。

这是一场原本没有悬念的比赛。郑荣植24岁,世界排名第十,马龙28岁,世界排名长期稳居第一,没人觉得马龙会输在这里,但他输了第一局,第二局又在10比7领先的情况下,被对手连追3分,郑荣植一声呐喊,镜头扫到马龙对自己撂了句狠话:"不要去着急,我×!"局势并未好转,他又输了一局。

"我再怎么预料也不敢预料,最多预料准备1:0落后,2:1落后,但0:2落后真是不敢预料。"3个月后,马龙作为这届奥运会男子乒乓球单打冠军、中国男乒第四位世乒赛、世界杯、奥运会"大满贯"得主接受了《人物》记者的采访。而在那一刻,他想的是自己可能会输。中国乒乓球队男子单打头号种子选手输掉外战、止步16强是什么后果——深渊。

这也是原先并不被中国媒体重视的比赛。男单这块金牌一向被视为中国代表团的囊中之物,现场观赛的中国球迷和记者都不多,每次郑荣植拿分,韩国人的呐喊声一浪又一浪。

尽管现场其他记者大多认为马龙会把比分扳回来,但乒乓球记者王怡薇觉得,马龙可能真的要输了。她想到了2013年巴黎世界乒乓球锦标赛半决赛,马龙2∶4输给队友王皓,彼时的王皓已经微微发胖,早已不在巅峰期,但马龙每次打不了几个回合就丢球。王皓下来问王怡薇,马龙今天怎么了,"打出的球都不带转儿的。"

"蔫了""懵了""不知道该怎么打了",王怡薇对《人物》记者回忆,马龙的状态和之前那次非常像。"怎么办,他要是输了,他一辈子都会抬不起头吧。"王怡薇在场内坐立难安。

两万公里外,马龙的球迷甘棠也在祈祷。当时是北京时间清晨4点。甘棠向《人物》记者描述,她几乎是颤抖着打开电视,一下看到屏幕里那个神情有点恍惚的马龙。甘棠从小跟着长辈看乒乓球,一路看着马龙过关斩将,"我从来没看过马龙流那么多汗"。她太紧张了,人站不直,跪在地板上看比赛。

第二局结束,马龙下场,总教练刘国梁让后背湿透的他换身衣服。"我当时说不用了不用了,因为心态当时非常着急,想赶紧追回来。他说走走走,换一个吧。"有"乖乖龙"之称的马龙最后还是顺从地从包里拿了件干净的衣服,脑袋耷拉着,跟着刘国梁走了出去。

刘国梁2002年退役后执教乒乓球国家队男队至今,这是他第四次带领男队来到奥运会。此次奥运会,刘国梁显得特别疲惫。他在多个采访中坦诚,这是从1996年当运动员以来压力最大的一次奥运会。人们已经很久没有输球的记忆,早已把乒乓球的胜利视为不变的事实。这种常人无法想象的压力刘国梁顶了十几年,作为男乒队长的马龙同样也顶着。

奥运会赛前,在厦门封闭集训的最后一天,刘国梁设置了一场比赛:马龙对阵队友郝帅,刘国梁要求马龙以0∶2大比分落后这样的残局开场,必须在这样的绝境中赢回来。谁也没想到,一个月后,场景居然完全还原。

换好衣服后,刘国梁拉着马龙,指着入场口说,你从这儿走出去,再进来的时候,就相当于死过一次,你又重新来了。

"我当时自己觉得身上这种感觉又重新放松了,就感觉重新开始了一样。"马龙说。他确实当自己死了一次,再回赛场脱胎换骨,迅速追上3局。第六局,马龙在4∶9落后的情况下,一分一分地抠,7∶10、8∶10、9∶10、10∶10,最终拿下了比赛。

里约奥运会前,郑荣植曾在公开采访中说马龙的比赛录像他看了整整一个月,他就是冲着马龙来的。赛后,郑荣植仰着脸哭了。胜者马龙绕场一周走向混合采访区。刘国梁伴着他走,一路对马龙说,你看现在这么多人为你加油,为你欢呼,如果你要输了,咱们这么走出去,你看你得多狼狈。

(《青年文摘》2021年第18期)

置之死地而后生

马龙出生于中国乒乓球之都辽宁鞍山。他5岁学球,15岁进入国家队,18岁随国家队出征不来梅世锦赛团体赛,获得了自己的第一个世界冠军。他年轻,听话,天赋极佳,胜率又高,小小年纪就爬到了金字塔上层,成为国家队男队培养的核心。10年前,就有民间声音戏称马龙为"龙太子",意指在马琳、王励勤之后,马龙就是中国乒乓球下一代的领军人物。

然而,张继科的出现打乱了所有人的节奏。2008年全国乒乓球锦标赛,张继科连胜马琳、王励勤和王皓三位奥运冠军,获得男单冠军,锋芒初露。2010年莫斯科世乒赛男乒团体赛,马龙打头阵,在大比分2∶0领先的情况下被德国选手波尔反转。而赛前5分钟才被刘国梁临时决定替下当时状态欠佳的王皓而上场的张继科,拿下了德国选手苏斯,为中国队夺得关键一分。

也正是在2010年,国际乒联执委会表决通过"奥运瘦身计划",从2012年伦敦奥运会开始,乒乓球单打比赛一个国家或地区只能有两个参赛名额。紧接着,张继科在2011年先后拿到荷兰鹿特丹世乒赛、巴黎世界杯男单冠军,为自己争取到了飞往伦敦的机票并在次年奥运会中再次夺冠,445天内收获个人大满贯,创造了历史最短纪录,至今无人打破。

马龙和张继科同龄。这两个年轻人很容易让人联想起20年前中国乒乓球的一对双子星——刘国梁和孔令辉。张继科出现后,无论是国家队内还是大众媒体上经常把两人并列,"科龙"。但是马龙却觉得自己成绩不如张继科,不愿与之并列。

在中国,乒乓球这一项目打得好的人太多了,队内竞争激烈,队友是世界冠军,教练是世界冠军,师兄都是世界冠军,师弟也必然是世界冠军。一人风头劲出,就有一人跌落低谷。"你可能打不好一次,你就再没机会出来了。"王怡薇说。张继科一路高歌猛进的同时,马龙却像中了每逢大赛必输的魔咒。2012年,张继科大满贯在手,而马龙拿遍了大小赛事的冠军,世界排名长期稳居榜首,三大赛的冠军就是一个都没有。"他觉得我没有到,你一直说,我倒是会很自卑。"王怡薇说。

马龙三次参加世乒赛,三次在半决赛中输给王皓。如今他承认,王皓在运动员时期"给我的伤害比较大"。2013年,巴黎世乒赛前广州集训,王怡薇去看望马龙,坐在他身边,"我们那么久没见了,我过去对他说,Hello,他一句话都不跟我讲……我当时觉得他状态真的不太好,我觉得他这次可能就是凶多吉少。因为你自己把自己上发条上得那么紧。"

"王皓是天才型的,马龙也是天才,但是我觉得马龙的刻苦战胜了天才。"王怡薇这样评价。7年体育记者生涯中,她看过无数次国家队训练。"他们每天干一件事儿,就是在那儿打,你看一下午就要在那儿困得要睡着了。"

国家队的训练一年不间断,只有过年连着放几天假,平时一周练6天,从早到晚。最近,马龙连拍了几本杂志,穿的都是西装和毛衣。王怡薇夸他穿毛衣好看,马龙说其实自己很多年没穿过了。一年四季,他大多数时候都穿着短袖,冬天外面套个羽绒服,出门就是从宿舍到训练馆,有班车接送。马龙是公认的训练最刻苦的那个,每天最早来,最晚走,十年如一日,就是个劳模。"他陪练都说,龙队,咱别练了,我真的要累死了……他还不满意,他永远对自己不满意,就很苛求自己。"王怡薇说。

马龙与张继科是两种完全不同的性格,"张继科最爱说的一句话,'龙,你能不能别那么乖'。马龙最爱说,'能别得瑟吗'。两个人完全两个世界。"王怡薇说。刘国梁曾经跟记者说,马龙太乖、太懂事了。对待张继科和马龙这两个性格截然不同的弟子,刘国梁采取了不同的方式,大赛总结中,张继科时常挨训,马龙则总被表扬。有时候刘国梁甚至会说,马龙,你犯点错误行不行。

崔庆磊与马龙相识近20年,作为队友和最亲近的朋友,他认为马龙的心魔在于，心理成熟滞后于技术。"他可能以前会受比分限制的压力，他知道这个是对的，但他不敢用，担心技术可能达不到。但其实他的技术已经比他想象当中要好了，他能打到，但是心理达不到，不敢使。"他对《人物》记者回忆，2014年乒乓球世界杯前后，马龙数次找他谈心，常说的是感觉跟继科差得太远，"够不着他"。

"我觉得他不是输在球上，他是输在人上。"王怡薇说。当局者迷，旁观者清。"他感觉没人了解他，其实我们都比他自己还要了解他自己。"崔庆磊说。但乒乓球上了赛场就永远是一个人。这届世界杯决赛正是马龙对张继科，两人拼到第七局，最后张继科4∶3险胜马龙。这一战把马龙推向自我怀疑的巅峰。

那时，王怡薇送给马龙一本网球选手阿加西的传记 Open。在很多人眼里，阿加西是这个世纪最伟大的一位网球选手。"但你通过这本自传，你突然发现他其实原来如此憎恨网球，你很难想象他曾经如此憎恨网球。那段时间我觉得马龙很像，他也不是说憎恨乒乓球，他觉得乒乓球给我带来的怎么是痛苦呢，我应该是快乐才对的，应该开心才对啊。"那段时期，马龙在队里永远低着头走路，见谁都不吭气，头发都软塌塌地趴在脑袋上。

"2014年之后我觉得他已经到了那种，他觉得他没什么可输的了。我已经这样了，我再差又能怎样。"王怡薇说。外战输过，团体赛输过，爆冷出局，领先被反超……输不出什么新花样了。他当然想到了退役。但当身处深渊，退无可退的时候，眼前就只剩下向上走的路。

回首那几年，马龙说他最认可的是自己没有被打垮，没有陷入长期崩溃。"可能就算心理崩溃，自己平时还是会练习，还是想要去达到自己想要的目标，然后在其他一些比赛慢慢慢慢又累积起来，累积到一定程度又没打好，然后又累积……但可能幸运的是，累积到最后还能再打好。"

连续三届世乒赛止步半决赛后，2015年的苏州世乒赛半决赛的对手是新秀樊振东，"小胖"樊振东当年刚18岁，风头刚起，第一次打世乒赛，赛前刘国梁点评马龙和樊振东实力在伯仲之间。

以往大赛前夕，马龙晚上睡觉都很怕醒。半夜起来喝个水，"啪"一下脑海就被比赛景象填满。世乒赛半决赛之前，他反复为自己塑造积极心态,"我就站在对手的角度,我第一次比赛我肯定会紧张……想他也是第一次打,肯定会紧张。然后我进入状态快啊,对方又打双打,体力肯定消耗很大……就想尽一切办法让自己想法更积极一点。"

到最后一刻,教练秦志戬对马龙说,人在做,天在看,你就放开去打吧。"意思你练那么多,肯定会有回报你的时候。"马龙对《人物》记者说。

那时,他对自己说,大不了输了就输了,"就退役了呗"。马龙说自己是"破罐子破摔",摔得也够彻底,他连发型都换了——为了保持刘海向上,每次上场前需要打发胶固定。

后来王怡薇问过马龙,为什么没退役,"他说我想了想,不打球我好像也不会干别的。"

这一次,马龙赢了。自此,漫长的低谷期结束,世乒赛后马龙越打越放松,一路胜到奥运会,再无敌手。

控制,失控,放下。

天性之中,马龙执着于控制一切,他喜欢一切事物尽在自己掌控之中,并从中获得安全感。他控制时间,训练、洗澡、治疗、粘球拍、换海绵,每一格的时间安排都能严丝合缝地接上。控制生活,个人物品每件都有特定的摆放位置,比赛包里的衣服毛巾叠得整整齐齐,按序摆放。存钱罐里的钱币必须全是一块钱。

他控制自己。除非是特别亲近的人,极少有外人看见马龙大哭大笑,表露明显的情绪。真正跟马龙交心的朋友很少。有时王怡薇有些无奈,最近采访马龙的媒体都来找她,"我说马龙,你别让人采访我了,我都不知道该说什么。他说我也不认识别人好像,就是他都没什么一起玩的记者。"

马龙自我要求极高,对别人也一样。王怡薇曾目睹,输球后的马龙变得"特爱管闲事",他在饭局上教训国家队二队的小队员,"能不能上点心,能不能努点力。""你用什么器材你跟我说,从我这拿。"

"我肯定不适合当教练,我要当教练,我会对底下运动员要求太严了。"马龙对《人物》记者说。

乒乓球是一项依靠心智大于体力的运动,这也是乒乓球运动自上世纪初进入中国以来一直饱受国人欢迎的原因之一。尤其在高水平对战中,乒乓球选手要在几秒钟之内对对手的下一步行动作出预测并准确实行自己的对策。

在这一点上,马龙执着于控制的天性给他带来了巨大的优势。今年年初吉隆坡世乒赛后,男乒主力上央视《风云会》,张继科说他曾多次在赛场上问马龙,你为什么打得这么轻松?"有时候你打得真不行,发挥得不好,但是对方就是一个球赢不了。"马龙总结自己是爱出题的人,在比赛中,他会不停地给对手抛出题目,那边答出一题,这里立刻换另一题,"再出再出……答到人崩溃为止"。

马龙转述给《人物》记者,刘国梁曾总结他跟张继科打法的不同:张继科就像是手抓大闸蟹,几个爪抓住,跑不了就行了;马龙的打法则像包粽子,把对手包在里面,必须把你包死的那种。

"但可能有时候这样的一种想法会给自己压力。因为想做到包住,但有时候可能对方只是出来一点,你就会觉得感觉难受。"马龙说。

无论大赛小赛,马龙会强迫症似的把每一个球都放在心里盘算一遍,赢是怎么赢的,输是怎么输的。很多场球别人说他打得好,他却过不去。这届奥运会,别人看到的是郑荣植那场命悬一线,马龙自己介意的是团体赛中他对英国一战。赢了,但是都是捡着对手的失误赢的。三年前的全运会决赛,马龙一路被樊振东逼着,最后也是赢了,但他说自己凭着经验和樊振东的主动犯错取胜,称之为"最丑陋的胜利"。

然而,天生的制控者控制别人,同时也受控于自己。对于稳,马龙有着近乎偏执的要求,不稳时,他会急躁、犹豫,最终失去控制与平衡。"自己因为本身性格上算是比较稳的这样一种性格,有的时候想要用凶一点的战术或者自己并没有太多把握的时候,当你可能内心这种坚决或者是这种坚定并不够的时候,有的时候就会犹豫。"他说。

采访前一天,马龙刚在山东举行的乒乓球超级联赛上输给了樊振东。《人物》记者问起这场比赛输掉的原因,"昨天自己还是显得想凶,又想出手,但打的时候又感觉没把握的时候,又犹豫,所以错过这种时机。"他曾给自己的这种状态起了个名字,叫"蔫儿紧"——想释放,手又紧,想放松,又

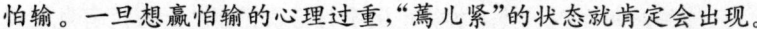

怕输。一旦想赢怕输的心理过重,"蔫儿紧"的状态就肯定会出现。

"作为我这种性格,包括家庭教育,从小就是相对比较低调,比较内敛,做事困难想像比较多这样一个人……包括以前比赛有的时候会想,就是比完赛我要输了我怎么面对,可能更重要的都是这方面,可能也算是一个消极的东西。"马龙说。

从2006年马龙出道时起,外界就给予他太多光环。"什么天才少年啊,最有希望的王皓接班人啊,就是给他太多。但是其实他的心智还没有到达那个高度。"王怡薇说。

对于马龙来说,这更是一场与天性的斗争。他追求完美,力争控制一切,却又不够坚决。这一场斗争时不时折磨着他,几乎贯穿了马龙至今为止的人生。经过10年的磨练,如今,尽管时有摇摆,马龙还是赢得了这场对自己的关键胜利。

《人物》记者问他,你觉得奥运会男单决赛那场打得好吗?

"打得好,我人生里我估计数不出10场球。"整场采访里,这是马龙答得最坚决的问题,没有丝毫犹豫,没有"可能"。

奥运会男单决赛第一局,马龙与张继科两人拼抢第一局,马龙在赢下第一局后再无困难,最终4:0大比分战胜张继科。

对这一结局感到意外的人不多。赛前厦门集训时,王怡薇让国家队老教练吴敬平预测奥运会冠军,吴敬平今年要退休了,他既不是张继科的教练,也不是马龙的教练。"我说吴指导你说如果他们俩奥运会决赛中相遇谁可以赢。吴指导说马龙啊。他说如果马龙心态摆正,一定是马龙赢。他说马龙的技术已经能实现全面的,压倒性的战胜,也不能说战胜,就是要比继科强,只要他的心态能摆正。"

崔庆磊说,今年的奥运会他看马龙,让他想起2012年伦敦的张继科,势不可挡,众望所归。"不是像以前越打越窄,现在越打越宽,任何一个点都能打到。"

而马龙对自己满意的是,他的心态完全放开,他不怕输了。"在这样一个时代里,能有这样一个伟大的对手,我觉得输他也值得……能够放下了。"

赛后,张继科对马龙说:"龙,你今天反手打得真好。""是吗?"马龙还是那样平静。张继科一点头,"是",然后笑了,马龙也笑了。

(作者:安萍,载《中学生博览》2021年第2期)

巅峰之后

从某种意义上来说,竞技体育是为人们平淡的日常生活创造英雄而生的。世乒赛就是一个人的婚礼和127个人的葬礼,马龙至今记得刘国梁在2014年世乒赛时说过的这句话。"可能外界觉得中国队谁拿冠军都一样,但作为我们来说,如果要能够被这个时代记住,被大家记住,我觉得冠军肯定是能够最让大家记住……现在你知道谁是第二,但可能过5年以后,大家只会记住冠军。有的时候大家喜欢竞技体育也是喜欢它这种残酷性,赛场上就像没有硝烟的战争一样,有时候需要出现这种英雄的时候。"他说。

有着"帝国的藏獒"外号的张继科性格桀骜不驯,是天生的霸主。而马龙,尽管是资深漫威迷,家里有整整三柜子各种超级英雄的手办玩具,却并没有要成为英雄人物的野心。"骨子里并不是领导者或者爱出风头这样一种性格,更重要的还是随大流,差不多就行。也不想太差,但是也没有想到是做最好的这样一个性格。"马龙自我分析。

在低谷期,马龙曾经纯功利性地喜欢C罗,C罗一直是张继科的偶像,两人在赛场上霸气外露如出一辙。马龙想学来他们身上的张扬,最终发现自己永远没法成为别人。现在马龙喜欢的是梅西和穆雷,虽没有侵略性的外表,但气场仍然强大。"每个人都有身上的特点,把自己身上的特点、潜力发挥到最大最极致,可能也可以做好,也并不一定非必须那一种性格就会打出比赛就是最好的成绩。"

但是竞技体育这条路,越走越窄,巅峰上只站得下一个人。奥运会四年一次,世锦赛两年一次,运动员年龄与大赛年份之间的关系是道微妙的算术题,所有人每年都在算。

马龙也一直在算。第三次输给王皓那年是2013年,幸好是2013年,马龙25岁,远没到自己想象的退役年龄,奥运会的周期也才刚刚开始。要是输在2015年,"毕竟面临着奥运会报名,你可能参加不了奥运会,有可能会去选择退役。"

今年他28岁了,刘国梁27岁时已经正式退役,马龙又在算,"下一次(奥运会)32岁,能不能打到……我感觉是挺难的。如果要这次没拿冠军,我觉得自己肯定坚持不到32岁。"

还要不要往东京奥运会走,马龙犹豫了很长时间。他年龄大了,因为长期打乒乓球,右手大臂比左手粗3厘米,手腕、膝盖、腰和肩都有慢性劳损伤,该拿的冠军也都拿到了,马龙说他太累了。奥运会后3个月的乒超联赛中,马龙输给樊振东,质疑声立刻又追上来,有人说这个新科奥运冠军的巅峰时期已经过了。

"我其实就在想,作为运动员时期我觉得没有人是巅峰的,竞技体育没有是巅峰的,"马龙说,"只有成绩可能巅峰,这种能力方面我觉得没有巅峰。"犹豫过后,马龙跟刘国梁谈了几次,最终决定走下去,为去东京的机票而努力。

日本媒体称马龙"六边形战士",意指各项能力都已经达到顶峰。他并不喜欢这个评价,因为觉得自己还有潜力可挖,不只是六边形,"会有好多角,可能有些角没满吧。"

崔庆磊觉得马龙对乒乓球的理解高于常人太多,"他看到的东西是我看不到的。"

"马龙他还是对这项运动是非常炽热的那种爱,他真的是喜欢,他球痴那种感觉……他真的不是因为我为了成名或乒乓球能给我带来什么而我想去打好球,他是因为真的喜欢这项运动,你所有这些名誉啊,什么金钱啊这些,都是附加的,不是说我为了这些我去打球,想赢冠军。不是说我为了站在万众瞩目中,我要去拿冠军,是因为我真的爱,我真的想要拿这个冠军。"王怡薇说。

如她所愿,2015年初,马龙看完那本阿加西的自传。里面有一个段落写到阿加西小时候学网球,教练都会让他们想,你赢了要怎么庆祝。"看完那个以后,我有时候也会去想自己赢了以后会怎么样,有时候就会想象到庆祝动作。"

这是他打球这么多年以来,第一次让自己去想象一个胜利的画面。里约奥运会完成个人大满贯后,男团决赛对阵日本,马龙出战最后一场单打比赛,他大比分击溃吉村真晴,帮助中国男乒锁定金牌。奥运之旅完美收尾的这一刻,他肩膀微耸,两手一摊,转身一周。他最终还是为自己选择了一个如此平静的动作。

(文章来自网络:https://www.sohu.com/a/123062543_482943)

教师指导:读完这几篇文章,你是怎么理解所谓的"天才"的?

学生读后感1:

"我认为什么是天才"

"天才"不一定生来就是天才。大家的起点都差不了多少。不过"天才"却更加刻苦,不刻苦是成不了"天才"的。

马龙连续拿了2届奥运会男单冠军,在2015~2017年间持续34个月排名世界第一。他是一位"天才"。这没有错。可他天生就是天才吗?他的成功轻易吗?答案是否定的。他之所以战胜那么多天才,在一批乒乓界的天才人物中脱颖而出,成为真正的天才之才,成为唯一的冠军,是因为什么?绝非天赋异禀,因为没有年少登顶。所以他的成功是水到渠成,是多年付出的汗水与辛苦"引来"的活水。

他用时间、用刻苦、用努力、用练习、用坚持、用奋斗,战胜了一切"敌人",重新拾起了自信,克服了犹豫这一心理障碍,成为了冠军,成为了妇孺皆知的天才。

天才,是刻苦和那一点天赋凝聚而成的结晶。

天才,或许生来就是天才,但是不努力不刻苦,终将成庸才,历朝历代的"仲永"还少吗?

所以,无论你是不是天才,请永远不要忘记刻苦。

学生读后感2:

什么是天才

天才,即"具有天赐的才华的人"。

然而,真地是这样吗?我不这么片面的认为。

天才,确实应当有一定的天赋,但是如果这种天赋早早被用光了,他也

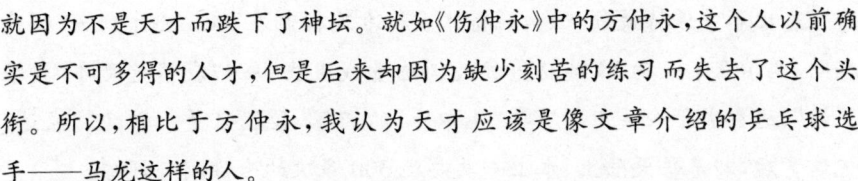

就因为不是天才而跌下了神坛。就如《伤仲永》中的方仲永,这个人以前确实是不可多得的人才,但是后来却因为缺少刻苦的练习而失去了这个头衔。所以,相比于方仲永,我认为天才应该是像文章介绍的乒乓球选手——马龙这样的人。

勤奋刻苦的品质。马龙是天才。他年少成名,是誉满全球的"六边形战士",18岁就获得了自己人生中第一个冠军。但是他不止步于此,因为他清楚地意识到,在国家队中,跟他势均力敌的天才们不在少数。所以他必须拼命的努力,即使每个回球动作已经如教科书般标准,他仍然叫陪练继续加练。

勇于证明自己。马龙的成功之路不是一帆风顺的。他依然需要打败一个又一个对手,而他也经历了无数的失败,被踢碎过信心,他也曾陷入自我怀疑。他是最刻苦的天才,对着胜利有着异于常人的渴望。这是属于天才的血性和坚定。他们敢于证明自己,想证明自己,他"一分一分地咬",一点一点地追平比分,最终证明了自己!

守护全红婵们的纯真和质朴

昨天晚上,东京奥运会落下大幕。中国体育代表团以取得38枚金牌、32枚银牌、18枚铜牌的优异成绩圆满收官。17天的拼搏,许多瞬间定格为我们心中难忘的记忆。围绕奥运会和运动员的讨论仍在继续,今天我们再来聊聊备受关注的全红婵。

全红婵的故事,对于很多人来说是一个"天才少女"横空出世的故事。第一次出国比赛、第一次世界大赛、五个动作有三个满分、奥运跳水比赛历史最高分、中国代表团第33金、本届中国代表团年龄最小的奥运冠军……一系列身份标签,配合"下饺子都比她的水花大""水花消失术"等赞美,让全红婵"一跳成名天下知"。

不过,虽然人们不吝将"天才"等溢美之词送给全红婵,但全红婵的故事,本质上仍然是一个关于拼搏奋斗的故事。被问到"把水花压得这么好的秘诀是什么",全红婵回应,"练的,自己慢慢去练呗。"体校硬件设施没有那么好,训练很苦,她从来没有退缩;有的动作不标准,她主动给自己加码;

为了在比赛中保持最佳状态,她将体重精准地控制在34.5公斤到35公斤之间,偶尔涨了一两斤,就自觉加大训练量减下去……"我不是天才,我很笨的",这在成年人耳中颇有些"凡尔赛"的回答,显然只是一种纯真表达,但这背后,却是每天陆上、水上一共要跳300多次的专注刻苦训练。

赛场上霸气夺金,赛场外"想去玩抓娃娃""特别想吃辣条",这样的"反差萌"已足够打动人。而一句"我的妈妈生病了,我不知道她得了什么病,我只想赚钱给她治病,因为家里需要很多钱才能治好她的病",更是戳中了无数人的心。赛场上有多惊艳,赛场外就让人多感动。人们记住了勇敢坚毅的全红婵,也给了她十足的支持、鼓励与关爱。全红婵的故事,无疑也是一个关于成长的故事。让这个温暖的故事继续下去,需要我们的共同守护。

这几天,伴随着前所未有的关注目光,巨大的流量涌向全红婵的老家。善意的暖流中,也夹杂了一些出格越线的举动:有媒体报道,有人直接堵在了全红婵家的大门口,就差要翻墙进去;有的主播一边直播一边带货,甚至扬言要把全红婵家里的菠萝蜜摘走;有人在门口大声喧哗,"已经骚扰到老人家两天没有睡了"……守护好全红婵的纯真和质朴,就要对种种唯流量是图的行为说不。从拒收慰问金只留下鲜花,到表示不能消费全红婵的荣誉,再到希望女儿努力读书考上大学、继续为国家争光,全红婵家人身处热度之中的冷静和清醒,也让我们看到她未来健康成长的坚强后盾。

"希望这几天所有赞美过妹妹的人,在未来她如果未能满足各位的期待时,也能抱有同等善意,鼓励保护她。"一位网友这样写道。的确,奥运赛场一跳成名,但对于全红婵来说,"除了要消化荣誉之外,她还有很多坎需要去面对"。除了给予她赞美与鼓励,我们还需要给她一个安静的空间,让她在翻腾跳跃中继续成长、自信成长。同时我们也要看到,在全红婵的身后,还有很多没有拿到奥运冠军、没有获得巨大关注的人在像她一样默默努力。正如巩立姣在夺得东京奥运会女子铅球冠军后所说:希望我的热情把这个项目带火。希望我们的关注,不只是在奥运周期,而是在他们乘风破浪的道路上,持续关注、遥遥祝福。

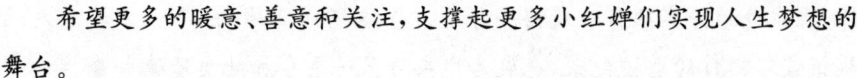

希望更多的暖意、善意和关注,支撑起更多小红婵们实现人生梦想的舞台。

这正是:磨练技艺,加强学习;小红婵们,未来可期。

(《人民日报》2021年8月9日)

教师指导: 读了《守护全红婵们的纯真和质朴》,请思考当一个人成名后,会面临什么,应该怎么做?

学生读后感:

荣誉,一把双刃剑

荣誉是把双刃剑,它既能激励我们前行,又能使我们骄傲自大,如何面对荣誉后的浪潮,以及该怎么做成为了重点。

看了这篇文章,我就想起了《伤仲永》。同样有才华,同样有名声,但为什么结局不同呢?方仲永名震乡里后,他父亲便发现了"商机",从此到处带他去表演,以获取利益,却不给他学习的时间而最终变成了普通人。全红婵虽然有响亮的名声,有无数次流量"商机",但她家人却让她专心练习,拒绝一次又一次利益,她的心灵得以保持一分纯净。当一个人有荣誉时,他必然面对大量媒体报道,多种福利,自媒体商机,有怀疑,有关心,有唯流量是图的主播天天跟随……如果你此时选择看重利益,那么你的结局就如方仲永。只有时刻保持初心,不焦不躁,家人冷静思考,才能永远保持成功。

(4) 励志系列

"汽修女孩"古慧晶

17岁的职业高中二年级女生古慧晶突然火了。扎着丸子头,穿着灰色工装服,戴着白色手套在车间里摆弄扳手、拆卸轮胎——她的这一形象在网上广为流传,成了网友眼中又飒又美的"汽修班女孩",并被称赞"用实力打破了性别和职业偏见"。

古慧晶是深圳市第二职业技术学校2019级汽车运用与维修专业的一名学生。今年4月,古慧晶代表学校参加广东省职业院校学生专业技能大赛,在机电维修赛项目中获得一等奖。在这场比赛中,她不仅刷新了发动机拆装赛项目的全校纪录,也成为广东省第一个参加此类赛事并夺得一等奖的女生。

6月29日,古慧晶接受记者采访时称,意外走红后,"很开心",因为自己出于兴趣考虑选择了职业学校汽修专业,曾经一度被外界质疑。而现在,她觉得自己的选择得到了社会认可。

"职校生都是在混日子、女孩不能学汽修,这些都是刻板印象。"古慧晶称,自己不希望被"标签化","我的人生我做主,其他的就让别人说去吧。"

出于兴趣,选择到职校学汽修

初中毕业那年,古慧晶面临着普通高中或职业高中两条路的选择。经过多方了解和考虑,她选择了后者。

"如果我去普通高中,很可能每天都会苦恼。"古慧晶曾在媒体采访中透露,自己从小就喜欢汽油的味道,每次在电影里看到汽车改装的镜头会特别兴奋。去职校学习汽修,沉浸在自己感兴趣的世界里,她觉得会更有意义。"这不只是关乎兴趣,汽车行业前景也不会差。"古慧晶说。对于她的决定,家人也颇为不解。"一开始家人是不认可的,觉得汽修不是女孩该干的事情。回家过年的时候,有的亲戚也会觉得我好像是在搞笑一样。"周围人的看法或多或少地会让她有些在意,她一遍又一遍地跟家人解释着自己的理由。但她并不后悔自己的决定,"话是从别人嘴里说出来的,但选择是我自己的选择。"

在职业学校的学习,基础课和专业课各占五成的比例。除了汽修课程,还需要学习语文、数学、英语等。古慧晶就读的深圳市第二职业技术学校采取理论和实践一体化的教学模式,设置了车身修复、电子电工等专门的实训室用于教学,设置了汽车发动机构造与维修、汽车底盘构造与维修和汽车电气设备构造等专业课程。3 000平方米的机电维修车间里,一辆辆车按照汽车4S店的布局在地面划设的黄色虚线内整齐地停放着,古慧晶在这里练习实操技能的同时,一并学习发动机、底盘构造等理论知识。

她终于有机会一头扎进自己喜欢的"汽车世界"里了,这并不容易。汽修不仅需要脑力,更需要体力,在很多人眼里,这是"男生的事"。古慧晶坦言,班里40名同学,男生占大多数,"说实话,他们学得会比我快很多"。为了赶上进度,古慧晶自己挤出时间,请教老师和学长。

高一时,古慧晶得知学校针对广东省职业院校学生专业技能大赛专门组建了集训队,就开始利用课余时间跑去实训室,跟着正在备赛的学长们观察、学习。再到后来,她自己也报名加入了这支队伍。

她所参加的汽车机电维修项目比赛分为车轮定位、发动机拆装、汽车定期维护和汽车故障诊断四个子赛项,其中故障诊断项目的分值最高,占比30%。在这个赛项里,出题老师会在汽车上设置多个故障点,要求参赛选手启动车辆观察故障现象,并迅速确定故障范围,然后结合对应系统的控制电路图对怀疑的元部件和线路一个一个地检测,由此找出故障点,将故障排除。

为了参加这个比赛,古慧晶需要额外掌握电路图知识,这成了她学习中最难的环节。"起初我脑海里是没有(电路图)概念的,老师怎么讲也听不懂。"只要一有机会,她就挤出时间请教老师和学长,配合着自行理解摸索,学了快两年之后,她才慢慢找到了感觉。

想证明女生也能学汽修,她"住"在了车间

今年3月,深圳市第二职业技术学校开始组建本年度技能大赛的参赛队伍,这一次,古慧晶被选为了参赛队员之一。所有的队员必须先经过市级比赛和队内比赛的选拔,成绩最好的才能代表本赛项参加广东省的比赛。在所有的参赛选手和后备选手中,古慧晶是唯一一名女生。经过轮番比拼,她如愿赢得4月举行的广东省职业院校学生专业技能大赛汽车机电维修赛项的参赛资格。

古慧晶说,强化训练阶段任务量比日常练习要繁重得多,每天从早上8点开始,一直到晚上10点,除了吃饭时间,她几乎"住"在车间里。比赛前两周,为了加强技能,古慧晶选择在实训室里加练到凌晨一两点才离开。

每天晚上回去的时候,宿舍已经熄灯,其他女生都已经睡着。为了不影响大家休息,她只能摸着黑小心翼翼地洗澡。"很难熬。"古慧晶说,"在

一个全是男生的环境里，真的很不好受，有孤立无援的感觉。"

为了在规定的时间内完成动作，古慧晶需要穿着带铁块的工鞋在车间里"以跑代走"。四个赛项，完整操作一遍要两个多小时。一趟流程做完，古慧晶的衣服和鞋子全部湿透，手上、脸上和脖子上也都沾满了黑色的机油。长时间的训练难免会磕磕绊绊，手脚磨破也都是常事。而像这样的练习，她每天要重复至少三四遍。古慧晶说，这个过程就像跑800米长跑，还要一边讲话一边背公式，不仅工作量很大，脑力也要兼顾。

"对我来说很恐怖，比战士训练还要累。"古慧晶称，自己是代表深圳市参加省赛，也是广东省第一个参加这类比赛的女孩子，"想证明女生做汽修同样优秀，压力很大"，高强度训练下，她也曾动过退缩的念头，但每次都咬牙坚持了下来。"我自己选择的路，就不想半途而废。"古慧晶说。这时，学校的比赛指导老师李世川、李海给了她很多鼓励和支持。6月30日，李世川告诉澎湃新闻，相较其他参赛的男生，古慧晶的优势在于细心。在做车辆底盘检测时，她表现得更有耐心，能对所有环节按部就班地检测完毕，从而发现专家组在细节处设置的故障点。"有的男孩相对粗糙一点，虽然能快速做完，但会丢掉一些细节分，最后在总分上未必占优势。"

对身形苗条的古慧晶而言，最大的困难在于体能。汽车零部件一般较重，这对她来说是个考验。由此，李世川在训练里会特别关注古慧晶的状态。"她本人没有喊苦喊累，但我们通过步伐和动作可以看出来，有时候她的体能已经跟不上了，就需要进行调整。"每当这时，李世川就会让古慧晶停下汽车定期维护和车轮定位等对体力要求高的操作，转而练习故障诊断等脑力项目，稍加休息。

同时，李世川和李海也为她制定了专门的方案，教她利用巧力取代蛮力：安装螺栓时学会借助现场的条件将工具加长，安装轮胎时可以使用双手外加腿部力量将轮胎举起……这样即使用时稍长一些，但古慧晶也总算能将动作高质量完成。

这些努力最终获得了回报。今年4月，古慧晶斩获省赛一等奖第三名，并获得国赛遴选赛参赛资格。在比赛中，她操作发动机拆装赛项目总共用时是26分钟，比全校以往最好的成绩少半分钟，刷新了纪录。

"对一个女孩子来说,获得一等奖,真的不容易。"李世川对学生取得的成绩颇为骄傲,据他透露,古慧晶目前已凭借这项成绩被深圳一所著名职业院校免试预录取。不过,古慧晶也在为高三阶段的"高职高考"做准备,希望能"更进一步",考入一所本科院校。

"我的人生我做主"

此前有媒体报道称,古慧晶是"该玩就玩、该学习就学习"的性格,平时喜欢下下象棋、逛街和摄影,也爱打扮自己。多才多艺的她,还曾获得2020年广东省校园摄影大赛二等奖。在她的朋友圈里,晒出了不少造型精致的个人照,让人难以将她与汽修工作联系在一起。

古慧晶意外走红后,网友称她是"超飒的汽修班宝藏女孩"。对此,古慧晶觉得很开心。"职校生都是在混日子、女孩不能学汽修,这些都是刻板印象。很多人会因此害怕被人嘲笑、质疑,而不敢去尝试。"古慧晶称,自己不希望被"标签化",在职校的两年里,她学到了真正有用的知识,也在自己热爱的道路上收获了进步和成长,"我的人生我做主,其他的就让别人说去吧。"

李世川告诉记者,古慧晶走红后,表现得很淡定。"我以为她成为'网红'之后要'飘'了,但她还是表现得比较成熟,能正确看待这些荣誉。"李世川说,作为女孩子,能勇敢进入这个被标签化了的"男孩子专属行业""让我惊讶、感动,希望她能够继续坚守,做出一些成就。"

"女生学汽修很少见,并且还做得非常好。"6月30日,华中科技大学教育科学研究院朱新卓教授表示,古慧晶之所以会在网络上受到广泛关注,主要是由于大众对"女性"和"汽修"的搭配感到稀奇。这种职业与性别匹配度上的偏见,会随着民众受教育程度的提高和技术的进步慢慢减少。更重要的是,古慧晶的选择正体现了目前教育改革倡导的方向,希望学生在选择专业和职业时尊重自己的兴趣和内心的声音。

(作者:贺达源,载《思维与智慧·下半月》,2021年第11期)

教师指导: 从梦想到成功有多少路要走?

(5) 我和潮流在一起

玲娜贝儿，为什么这么火

"玲娜贝儿就是我的互联网亲女儿！""又是被迪士尼顶流女明星迷晕的一天！"……你或许不是玲娜贝儿的粉丝，甚至没去过迪士尼，但你肯定听过她的大名、刷到过相关报道，或者看过她的短视频、用过她的表情包。

玲娜贝儿，是迪士尼"达菲家族"的新角色，一只爱冒险的小狐狸。时至今日，玲娜贝儿"诞生"还不满3个月，但去迪士尼与她互动30秒需要排队几个小时；周边产品发售后秒空，导致官网数次崩溃，黄牛价炒到数十倍；已斩获几十次热搜，数万超话粉丝……不知道、不喜欢的人觉得难以理解，喜欢的人则是沉迷其中无法自拔。两边态度截然不同，但指向了同一个问题——一个玩偶角色，究竟为什么这么火？

可爱的外观与个性设定无疑是直接原因。圆脸蛋、大眼睛、高额头、小下巴……玲娜贝儿完全符合"婴儿图式"的长相，足以俘获人心。再加上粉红色、毛茸茸、大尾巴等元素，正中萌点。如果说"萌"是很多玩偶角色的共性，那么玲娜贝儿被官方设定赋予的"聪慧、敏锐、充满好奇心、热爱思考"等特点，则更加多元、更有差异。不同于其他玩偶的乖巧本分，玲娜贝儿会生气、会撒娇、会捣蛋，让人眼前一亮，丰富精妙的肢体语言赋予了呆萌外表更多个性化意涵。更不用说，诞生于上海迪士尼的她，还自带"国民大闺女"的接近性和亲切感，圈住一众"妈粉""姐粉"。尽管玲娜贝儿没有米老鼠、唐老鸭那样的动画片作品，但她本身就是一个有待完成的"开放性文本"，还把共创的笔交到了粉丝手中。她跺着脚、掰着手指示意游客自己不叫"儿儿",叫"玲娜贝儿";面对过生日的游客比划出的"蛋糕",她会接过来收好,下班时也不忘带走……这些线下的互动,都属于"二次创作",不断丰富着玲娜贝儿的设定和形象。而这样的共创也借助表情包、短视频等方式,不断走出迪士尼乐园、走进不同媒介,轻松完成裂变式传播。可以说,玲娜贝儿的走红,是在移动互联网与社交媒体辐射下,受众共同参与完成的一次文化传播。

从2018年至今已售主题商品叠加总高度相当于119座珠穆朗玛峰的星黛露,到如今全网爆火的玲娜贝儿,迪士尼多年精心培育IP的成果可见一斑。主题乐园利用自家IP吸引游客、制造话题,是再正常不过的操作,北京环球影城也有因为话唠、毒舌走红的IP角色威震天。但不论是威震天还是玲娜贝儿,前段时间因互动中是否存在言行失当而引发的争议,也都在提示我们,当IP魅力转化成商业价值,也要警惕过度营销和饭圈思维带来的不良后果。

玲娜贝儿的走红并非偶然,除了集美貌、个性与情感连接于一身,还有迪士尼的营销力量支持。而且在这条路上,玲娜贝儿不是第一个,也绝不会是最后一个。以前红极一时的诸如Line Friends的布朗熊、可妮兔,三丽鸥家族的Hello Kitty、美乐蒂等,他们来自不同系列,也有不同的设定。正如有评论指出的,潮流玩具并非真正的稀缺产品,产品数量将会随发行方的供货意愿发生变化,而且更新迭代快、可替代性强。说到底,我们可以尽情享受这些IP角色带来的包括"解压""治愈"等在内的正向情感价值,但没有必要让购买天价周边、甚至控评撕番等成为自己表达喜爱、寄托情感的手段。无论是消费还是"追星",都需要更加理性、更加冷静。

这正是:

    毛绒小狐狸,卖萌能治愈。
    莫让功利心,伤了童真气。

(人民网,2021-12-22)

明星拍戏南大遇冷

近日,一则"某剧组在南大校园取景,当红明星遭冷遇"的消息,引发舆论热议。

青少年热衷追星是一个带有普遍性的现象,一些"爱豆"沉湎"饭圈"不可自拔,热衷于应援打榜,令人痛心疾首。近日引起广泛关注的综艺节目"打榜倒牛奶"事件,将青少年无底线追星问题再一次暴露在公众面前。即便是天之骄子的大学生们,也概莫能外。之前,明星到校园里拍戏常常出现"火爆"场景:想一睹偶像风采的大学生们将拍戏场地挤得水泄不通,明星要在保安们的簇拥下才能勉强脱身。

然而,张一山、范丞丞、关晓彤等明星在南京大学鼓楼校区拍摄《曾少年》,却出现了严重的"反常"。本以为娱乐圈三大顶流齐聚南大,一定会引起粉丝们的强烈轰动,为了应对被学生围观造成拥堵,剧组提前安排了很多保安维持秩序。

面对几位现在娱乐圈里所谓的流量小生,南大学子们既没有围观,也没有尖叫,甚至连停下脚步来看一看、拍张照片的都没有。他们大多数都是脚步匆匆地,头也不回地就走了,拍摄现场一片冷清,保安团队成了摆设。更有意思的是,因为人手不够剧组还在校园里公开招聘群演,报酬为每人每天75元,结果应者寥寥。

"冷得挺好""这才是中国大学生该有的风采""学校本来就是做学问的地方"……看多了各种追星乱象的网友们,纷纷为南大学子们的"反常"表现点赞。

(东方网,东方时评2021-05-20)

1. 圈画4个议论性句子,并工整摘抄1句。
2. 结合两篇文章,自拟题目,写一篇100字小练笔。

时尚自有它的热度,我们喜欢机灵可爱的小玩偶,它们满足了我们童年所有的幻想,我们喜欢明星,他们活成了我们喜欢的样子,但我们也应该是理智的,不盲目和狂热,爱他们,但不迷恋他们。

周深：一个人的唱诗班

周深，面容清秀，个子不高，放在人群里一点都不打眼，但只要他开口唱歌，整个世界都会安静下来，他的歌声犹如天籁，干净空灵，仿佛能瞬间洗刷尘世的喧嚣，还灵魂以宁静。

第一次被周深吸引，缘于2016年的国漫《大鱼海棠》。坐在影院里，当主题曲《大鱼》响起时，心里只有一个念头：这声音太神仙了，电影没看完，就赶紧搜原唱，从此，记住了"周深"两个字。后来，慢慢知道了更多关于他的事。始于才华，又被其善良打动，心疼他独自经历的那些辛酸，但更庆幸，这个1992年出生的男孩，从未遗失最珍贵、最纯粹的少年心。周深很幸运拥有一副好嗓子，但他的不幸，也因此而来。当大部分男孩都安然度过变声期时，周深的声音依旧尖锐高昂，被指指点点，视为异类。

十三四岁的周深对此很痛苦，初中三年，他再没公开唱过一首歌。

除了声音女性化，青春期的周深还被身高困扰，外界的嘲笑声不断，他特别自卑。

后来高考失利，他遵从家人的决定去乌克兰学医，辛辛苦苦学了一年，但没太多成就感。他说："梦想这个东西，只会被压抑，它不会消失，所以我还是喜欢唱歌。"

于是他决定退学，转去学音乐，父母对此很生气，甚至断了他的经济来源。

生命中大部分时光是属于孤独的，努力成长是在孤独中可以进行的最好的游戏。周深孤身在异国，一边打工，一边努力考上利沃夫国立音乐学院，从此系统地学习音乐。求学期间，他翻唱了很多歌曲传到网上，也因此收获了一大批真心喜欢他的粉丝。

2014年，周深21岁，站上了《好声音》的舞台，一首《欢颜》，震惊全场，导师们带着惊喜转身，却看到一个青涩的男孩。汪峰不吝赞美："没想到在我有限的生命中能听到这么美的声音。他的声音让人觉得世界上无论多少苦难都能变得美好。"

后来，周深又唱了《贝加尔湖畔》，直接被称为天籁之音。他也因此遇到自己的伯乐高晓松。在高晓松眼里,周深简直就是一个人的唱诗班。于是,他自掏腰包,花了3年时间,为周深出了第一张专辑《深的深》。

2018年,周深去了《声入人心》,凭借实力大放异彩,整个人自信开朗,甚至学会了自黑。曾经最不敢谈论的身高,也能够大笑着调侃。

作家刘同曾在微博里写道:"看着周深云淡风轻说着自己过去的'不堪',一定给他带来过少年阴影的经历,此刻并没有让他为难,对过往接受的坦然,显得他越发洒脱和潇洒。他真的很厉害,我不是指唱歌。"

(载《意林》2020年第12期)

1. 圈画议论性句子2~4句,摘录1句你喜欢的:

2. 小练笔:《孤独的时光也宝贵》100字。

孤独的时光里,我可以呆坐、冥想,读一本自己喜欢的书,思想我的过往,理一理悲伤、凌乱的情绪,可以静下心来做我自己的事。我爱热闹,也爱独处,如果没有志合道合者,我就独处,独处让我有了不一样的思考和境界。

雪和像素时代

今年北京的第二场雪,比人们期待的要晚一点。由于天气预报的准确度大大提升,在下雪前几个小时,朋友圈就开始沸腾。人们严阵以待,不时把手机对准窗外,等着捕捉那飘落的雪花。

这不是大家第一次拍雪,但就等待拍摄的人数和焦急程度看,仍然称得上是一个标志性事件。我朋友圈里的北京朋友,至少有3个人为这场雪创作了诗歌。摄影大赛当然必不可少,有朋友不断调整照片的色泽和质感,才奉上自己的参赛作品。

对北方人来说,下雪是很复杂的体验。一方面,洁白的雪确实给人带来惊喜;另一方面,它也意味着真正的寒冷。20年前,很多父母还在为孩子在雪天穿什么靴子发愁。棉靴最保暖,但是容易湿透。北方家庭都有把湿透的棉靴和棉袜放在暖气片上烤的经历,那是一种很特别的味道,给人一种奇怪的幸福感。

如今的雪,至少在北京这样的大都市,变成了纯粹的审美事件。在朋友圈和微博上,没见一个人叫"冷"。保暖内衣加羽绒服的组合,足以对付零下10摄氏度的严寒。汽车的普及,让人们在移动的过程中也不再感到冷。寒冷的性质似乎发生了变化,它不再可怕,反而让人感到亲切起来。

在这种时候,雪的"威胁感"丧失殆尽,美就完全凸显出来了。

人们不再像过去那样引用"瑞雪兆丰年"来表达自己的感情,这是时代的巨大进步,说明中国已经从农业社会真正转变为工业社会。镜头,不管是相机还是手机,就代表着工业社会的成果。人们的拍照设备越来越先进,像素越来越高,而后期美化术也得到提升,这一切都让"捕捉"雪花变得有可能。

雪的美丽,本来就在它的易逝性。你捧它在手心,甚至来不及看清,它就变成了一滴水,或者一抹湿气,给人无限的遗憾。但是,在像素时代,雪不再神秘,从"瞬间"变成"永恒"。在朋友圈摄影大赛中,人们看到很多雪景,但是,那雪却也不再是从前的雪。人们假装欣喜万分,但是只有在孩子脸上,才能看到真正的与雪相逢的喜悦。

风景也是这样。如今即便是中老年男士,在旅行的时候也会像少女那样举起手机自拍。人们似乎已经不再被大自然的美震撼,而是专注于自己手机中捕捉的幻境。最新款的手机都自带美颜功能,照片比原物更美,这话不仅可以用来形容美人,也可以用来形容风景。真实的东西,似乎已经远远不够。

我们拍照越多,越被镜中的自己"感动"。我们创造出了一个更新、更完美的自己,但相随而来的却是,我们再也没有拍照的紧张感和幸福感。前段时间在九寨沟,一对中年夫妻拿着老款手机,求路人给他们拍一张合影,拍完后两人把头凑在一起看照片,妻子很激动:"真美啊!"这一幕实在太过动人,可能真正有意义的瞬间,都是这种伴随着震颤体验的相遇吧。

什么是像素时代?可能就是人们对真实性感到不满的时代,是普遍美颜、更多自拍而不是找人拍照的时代。曾经人们摄影的真谛就是"如实显现",让那些追求逼真的画家陷入绝望。像素时代重新定义了摄影,这意味着技术本身已经超过了人们对它的需求,它重新塑造了人的需求。

问刘十九　白居易〔唐代〕

绿蚁新醅酒,红泥小火炉。晚来天欲雪,能饮一杯无?

白梅　王冕〔元代〕

冰雪林中著此身,不同桃李混芳尘。忽然一夜清香发,散作乾坤万里春。

山中雪后　郑燮〔清代〕

晨起开门雪满山,雪晴云淡日光寒。檐流未滴梅花冻,一种清孤不等闲。

(作者:张丰,载《意林》2020 年第 6 期)

1. 圈画三句你喜欢的句子,并工整抄写其中一句。

2. 小练笔:《雪曾落在我的眼中》,100 字。

马洛第一次遇见特里,白色头发犹如雪一般晃眼,我第一次见到雪,快乐地像特里一样疯狂。

第一次见到雪是在旧宅里,正是上幼儿园的时候,当时雪下得很大,外公见我趴在阳台上直笑,就端了一个盆偷偷跑了下去,挖了一大盆给我堆雪人,我记得,窗外的白雪、盆中的白雪与外公冻得通红的脸和憨憨的笑融合在一起,落入眼中。

(6) 一组学生习作欣赏

《不断不舍也不离》读后感

实际上,在这两者之间,我摇摆不定了很长时间,我最终认为,自己内心倾向于"断舍离"。但生活中,我却是完完全全的"不断不舍也不离"。

我想我倾向于"断舍离",有一部分原因是我被困在了"不断不舍也不离"的杂乱无章的生活之中,我渴望摆脱这无助的、无序的生活。我想尝试全新的、哇!不一样的生活方式。

还有一部分是我认为"断舍离"是简单明了的生活理念,在"断舍离"的理念中,不会因为复杂而眼花,而会让人拥有安逸的、满足的生活。

虽然向往"断舍离",但我想,可能目前我远还做不到真正"断舍离"。

《"死亡之城"的秘密图书馆》读后感

这篇文章讲述达拉亚的青年们虽然身处战火,面临死亡的威胁,生活十分困难,却仍然不忘读书、热爱读书,在城市深处的地下室开图书馆,以书为友、以书会友,通过读书,重新找到生活的目标。

战争是可怕的,身处战乱的人是可怜的,但是,书籍对于那些连饭都吃不饱的人们来说,就是精神食粮,支撑着他们一路走下去。书籍安抚了他们的精神、他们的内心、他们的灵魂。只要有书籍在,他们就坚信自己终将等到和平,见到漫长黑暗后的黎明之光。

与他们不一样,我们生于和平,从未经受战乱。我想我无法忍受战乱。所以我敬佩他们的精神与意志。而且我明白,即使没有战火,书籍也一样是人生路上的一盏明灯,一位益友。

请珍惜身边的和平。请珍视身边的书籍。

《超级英雄》读后感

读了这篇文章后,我认为为了达成"成为自己的超级英雄"的目标,开辟蓝海、与时俱进和持之以恒三者难分上下。

我本人认为第三点持之以恒是最重要的。

举个例子,一个人,他想提高成绩。他不必"开辟蓝海",只需别人也用过的最基础的方法;他也不用"与时俱进",可以用旧的法子;但是,他不能不坚持,只有持之以恒才能成功。是的,当方法一样时,关键就在于能否坚持。当然一、二两点也同样很重要。但若不能持之以恒,一、二两点都不过是浮云。

只有不忘初心,持之以恒,才能成功,才有望成为自己的"超级英雄"。

我喜欢的"另类生活"

如果扩大范围,把《要是能重来,李白可能不愿做李白》算进去,再把"同龄的王维"算进去,那我喜欢的必然是诗佛王维的生活。无论是他年轻时"相逢意气为君饮"的豪情万丈,还是他年老后"松风吹解带,山月照弹琴"的淡泊名利,自在闲适的生活,都让我心动,让我向往。这两种生活之间也有一个过渡,有他的成熟,却都叫人动心。

李白与王维拥有相似的社交圈,却少有来往。或许因为他们的生活是完全不同的,一个,终身郁郁不得志,另一个,则是出生太原王氏,春风得意的朝廷官员。让我选择喜欢的诗,我或许会选那些游子的诗,它们是如此充满豪情、充斥才华、呕心沥血,但若是选择生活,我绝不愿选择四海为家、居无定所地漂泊。或许这种生活更另类,更为无拘无束,更为自在,但却太没有定数了。并且,从王维放弃功名,选择半仕半隐,去隐居时,他的生活也已够另类,够别致,够动人了。

我喜欢文中"大咖"们年轻时满腔激情地去拼搏,去争取的精神,无论是李贺、白居易还是韩愈,都有这类经历。而王维又何尝缺失过这类经历呢? 只不过,二十岁就打入了贵族社交圈,却迟早会厌倦尔虞我诈,厌倦名利场上的勾心斗角,选择隐居,选择远离喧嚣。

谁可以点亮我们的梦想

梦想或许永远无法实现,但是却可以促使我们进步。

梦想或许十分远大,但又真的可能实现。

点亮梦想的因素有许许多多,可能是袁隆平看见了那片园艺场,也可能是任何一件吸引我们的事。一件件一桩桩的,终于有一天,我们发现,自己的心中早已埋下了梦想的种子,正在一点点一天天的发芽、长大。

原来呀,点亮梦想最重要的是我们自己,是我们自己的内心。所有的内心的向往,汇聚成一条涓涓的溪流,成为梦想,一路高歌着,奔向大海——那片成功的海洋。

点亮梦想的,也可能是对于某件事物的兴趣和爱。是的,热爱。但是热爱从何处产生?被热爱的又由谁决定?还是我们自己。是内心选择了那件事物,选择了热爱它还是厌憎它。

这其中的道理就好像振幅和发声体的远近都能影响声音的大小。而远近其实是影响了振幅又间接影响了响度。

我们的内心点亮梦想,而热爱又点亮了内心。

恋上上海,这座城

恋上一座城,就像邂逅一个人。儿时的我,最爱海南的沙滩与大海。后来我爱过泸沽湖,爱过西安的雪,爱过银川的沙……如今,我却最眷恋自己的家乡——上海。

上海,繁华的城市。少见沙滩与大海,全无崇山峻岭,难得银装素裹,没有大漠孤烟,也不见长河落日。但她,有自己的迷人之处。伫立于黄浦江边,身后,中山东一路的万国建筑博览群连成一道弧线,让人在古典与浪漫的交织中,感受上海"有容乃大"的大家风范;眼前,高楼林立,云烟环绕,却挡不住阳光闪现的光芒,让人在梦幻与摩登的契合中,感受魔都让人震撼的繁华。市中心的地段寸土寸金,阳光从梧桐树叶缝隙泻下,凉爽清幽,却又有人声的嘈杂,大隐于市,莫过于此。

上海,家的城市。比起市区的繁华,我却更爱郊区的风景宜人。我生于上海郊区,我的父母,祖父母也都在上海郊区长大。那里见证了我们一家子的成长。上海的郊区有着江南的稻田,一片又一片。走在乡间田边,看着"漠漠水田飞白鹭",岂不妙哉!当我见到多情的燕子飞来寻找旧时巢穴时,总有两只似曾相识的小燕子会归来,寻找我家屋檐,度过一个春夏。连燕子都如此恋旧,更何况是我?无论我走的多远,多远,走过了多少奇异的风景,最念的都是上海田边的徐徐晚风,是上海普通却又唯一的明月,是上海傍晚绚烂的晚霞,是上海深夜稀疏却又明亮的星子……是上海对我来说独有的家的味道与特别的意义。

恋上一座城,或许是"与君初相识,犹如故人归"的一见倾心;恋上一座城,也可能是看过很多风景后对家的日久生情。(卞修晗)

为万分之一的可能而付出

要是问我有没有为了万分之一的可能而付出所有的时候吗？我的回答会让你吃惊，是的。虽然只是十岁出头，但我也有这个时候。我是爱打篮球的，梦想就是去参加职业联赛，但是，全国想参加职业的人多了去了，但我为了这个受过伤、哭过、与家长发生过争执，因为，这是苦的、累的，当然，也有无数乐趣。我知道，这梦想是几乎不可能实现的，社会是残酷的，要么就从小就进入体校或上完高中去参加选秀，可我还前途无量，想至少上到大学，而大学生进入职业的也没几个人，所以我只能通过无限努力来踏出一步，我不求实现愿望只求篮球技术不断提高。（聂凡皓）

为万分之一可能去付出

为万分之一而付出这个概率超级小，如果要是我会为之付出。中国的精神，也是这样，只要有万分之一的可能就会付出所有。乘车，大概也是万分之一的概率出事故，因为他竟然能在路上驾车，就有驾驶证，并懂得交通规则。在城镇路上，因为速度没有高速这么快，出事故的概率也很小，因此很多人都不系安全带，尽管事故很少发生，可是不等于它永远不会发生，因此要系安全带，才能保证万无一失，说不定哪天就发生在自己身上。有的时候即使有些行为出事故概率非常高，比如疲劳驾驶长达十几个小时，有的货车司机为了及时送到货，为了钱而铤而走险，我表哥有一次醉酒驾车回家，这样被警察抓到或出事故的概率非常高，最终他平安地回到家，大概也是万分之一的可能吧。我们需要为万分之一的可能而付出所有，但对于某些不好的方面最好还是不要铤而走险。

我也有为了万分之一的可能而付出所有的时候，比如在考试时做一道超级难的题目，尽管我完全想不出来怎么做，但写出来的一些东西至少还有可能"骗"点分数。在学校里选古诗文大赛的参赛选手在这么多选手中只挑一个。参加考试的人已经很少，卷子还超级难，就是选上了，也大概是万分之一的可能会获奖，许多学生都放弃了。只有丁鹏程，一直努力着写到晚上六点钟。最终，只有他被选上了，我后来也有机会看了一下这张卷子没有想到大部分我都还能填的出来，尤其是古代文学常识的填空题，基

本上都填出来了,到最后也是后悔莫及。(罗俊和)

万分之一的成功概率

这件事,我成功的概率是真的只有百万分之一。

几个月前,我被推荐进入了嘉定区队长学校的培训,是一个选拔区红理事会理事的培训。怀着紧张又激动的心,我走进了队长学校。见面礼就是一个个晃我眼的三条杠和一个个往上叠加的各种厉害"头衔",我顿时感到自己非常的"弱小",有种刚开始就输了的感觉。培训开始了,似乎也不太好,由于我演讲能力很差,我并没竞选到"临时中队副中队长",这时候我感觉自己几乎不可能当上理事了,我已经开始考虑退出。

可是尽管我有这想法,但是每次培训,我还是依旧准时参加,虽然没人注意,但我也会认真参与、认真记录,发表自己的想法观点。我发现当我坚持下去的时候,可能还会有一线机会成功,但是如果我放弃了,那真的连机会都没有了。

全力以赴的目的,是想让自己成功。因为不想在失败的时候,后悔地说:"我要是做了就好了。"(朱予涵)

用行动去实现万分之一

我有过一段这样的经历,众所周知,我的体育成绩那是相当差。记得小学的时候,我们班被抽到要进行体质测试,班主任高老师让我们利用剩余的两周时间好好练一练自己的短板项目,我当时的短板项目是跳绳和仰卧起坐,当时我一分钟跳绳60个,一分钟仰卧起坐20个,老师给我们定的目标分别是120个和40个,这个目标看似在两周内怎么都不可能完成。果不其然,两周后的体侧我没能完成预定的目标,我的成绩定格在了71个和25个。

那次体质测试结束以后,爸爸问我,想不想摘掉体育"贫困生"的帽子,我不假思索地回答"当然想"。自那之后,爸爸天天让我腾出30分钟练习,75、85、95、110、125……,2个月后,我的1分钟跳绳达到了164个,仰卧起坐50个。

其实当时练得时候觉得这是件万分之一有可能的事情,但是只要你坚持去练,哪怕一天进步1个,1个月也能进步30个,但成功贵在坚持。

立Flag谁都会,但贵就贵在你愿不愿意迈出这万分之一的一步,愿不愿意坚持这看似不可能的事。(王朱玥)

为了万分之一的可能而付出所有

有的时候,在我们为那万分之一的可能去拼搏,付出所有;有可能会被其他人嘲笑,失败后一无所有。但重要的是我们为了成功而付出的辛苦和努力。

我并没有为了那万分之一的可能而付出所有,因为每次我都会想自己肯定做不到,而且我也没有信心和勇敢地迈出那一步。

读了这篇文章,我知道,即使只有万分之一的可能,也要百分之百的努力去拼搏,付出所有,勇敢面对。

"失败不可怕,可怕的是你连接受失败的勇气都没有。"虽然只有万分之一的可能,但只要去努力,总会有希望成功!(许张胤)

概率虽小,只要付出

万分之一的概率太小了,我的生活不会有这么低的概率让我认为值得去成功。也可以说我是有点现实主义的。成功率1%的事我干过,且成功了。那是一场全年级178个人都能参加的一场比赛。虽然参加的人不算多,我付出的也不多,但是我是入选了,带着几分运气,也付出了一个多小时的努力,考完后,也感到浑身疲倦不已。

对于万里挑一才能成功的事付出很多,是很冒险的,我们的父母却付出大把的钱才给我们买保险,人生意外多不容易发生,可是他们还是毅然付出,万一呢?

很多人心里都这样想,却不敢付出,怕不值得。但是,第一颗原子弹的诞生,何尝不在冒险,牺牲多少钱财,损失多少科学家,又耗掉无数人的心血,万一竹篮打水一场空呢?但是,他们还是愿意付出,甚至一切,包括生命。

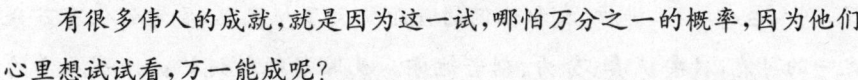

有很多伟人的成就,就是因为这一试,哪怕万分之一的概率,因为他们心里想试试看,万一能成呢?

这种尝试不能说成功就是因为侥幸,而是因为敢试这万分之一。成功,才会眷顾他们。(丁鹏诚)

只要付出,多小的概率都能成功

付出的一切不可能都有回报,但都会有所成就。

今年的暑假期间,书法比赛很多,我的书法老师也让我参加了其中的两项,因为有一项比赛是可以加综评分的,所以我就特别上心。

每天抽空练习,单是那段时间的练习纸就可以抵上我几个月的练习纸,堆满了一个纸箱。一遍又一遍地在宣纸上不厌其烦地练习相同的字。像张老师给村民写对联一样,我为了比赛的成功,写得手腕酸疼。有时候上完其他兴趣班回来,已是傍晚,吃过晚饭,做完作业,又是晚上七八点,练习两小时直至睡觉。

到了老师那里,宣纸上一笔一画地写着,不敢放松,写着漂亮的字。经过几节课的加倍努力,真的写出了从始至今最好看的一幅楷体书法,老师也说不错。但是!交上去后,杳无音信,等获奖名单出来却发现我不在榜上。我沮丧至极又有些不甘心。老师——书法协会副会长,帮我询问后才得知获奖的人全是特别推选的,写得不错却没有进入特别推选的几乎全没获奖。

反观另一项比赛,我虽然也怀着严肃认真的心态,却用了临摹《阴符经》的字体,柔中带刚,一节课就出了成果,在上海市拿了一等奖。

果然,付出的一切不一定都会有相应的回报,却一定会有所收获啊!(丁涵璐)

为万分之一付出所有

我有为了万分之一的可能而付出所有的时候。在小学的时候,因为学的知识不是很难,我的成绩自然也不是很差。但是到了初中,学的知识多了,背诵量也大了,我在语文考试时常常倒数几名。但是时间一点点过去了,别人也在学习,进步,我和他们的差距就大了。现在,要考好仅有万分之一的可能,我要认真、努力、刻苦地学。就像老师所说的:"比别人学的多、学的时间长,就能追上他们。"于是,我每天上课认真听讲,作业认真完成,每天看课外书……终于,在上周小练习时,我考得还行,至少应该不是最后面。我会继续努力,考得更好。(周李颖)

为万分之一而努力

为那个"万一"而努力。

在我目前的生活中,似乎从未有过概率低至百万分之一的事。我也就自然没为这类事情付出所有的时候。

但是,为了一件概率不大的事情而努力的时候,却也是有的。

记得有一回,我突然忘了一个词语的写法,具体是哪个词已记不清了,但的确是问了一圈,才问出了个结果来。我这么做呢,是因为我担心:万一语文考试考这个词语的"看拼音写汉字"一类的题目呢?虽然说语文的词语有千千万万,数不胜数,考到这个词语的概率几乎没有,但是我仍然去寻找了其写法,以防万一。

那么我急于弄清一个无关紧要的词语是为了什么呢?对了,作为一个学生,这样做的动机,自然是为了考出好成绩。当我们考试时,要想在诸多同学中脱颖而出,必得付出成倍的努力,远远超出明白那一个词语所需要的精力。这是语言所难以形容的。

除了学习,生活方面也有很多类似的例子,比如节约、比如环保,诸如此类,不可计数。

耕耘不一定有收获,但是,万一呢?(卞修晗)

每个努力的人,都值百分之百

我曾参加过一个冬令营,而在其中,令我最难忘的,是分配工作的那一天。

那一天,我被分配到了谁都不想要的工作——看管雨器。这个工作有两点不好。一是它十分枯燥,没有去林里寻树枝和去鸡窝拿蛋那么有趣。

二是那时是冬季,几乎不会下雨。但是教官说了:"世界上没有无意义而存在的东西。"这一席语重心长的话,打动了我,于是我开始认真对待。每天的例行活动结束后,要到自己的工作岗位上,我会将雨伞按规格分类摆好,把雨衣叠好,将雨靴一双一双摆放整齐。

但在第四天,雨突然来了,(因为当时规定了即使教官也不得使用电子产品,所以没有天气预报)那些出营地的成员都慌忙地跑回来,只有教官冒着雨尽可能地把丢下的东西拿了回来,但还有很多东西没有拿得下。其他同学回来取雨具时,被惊艳到了,夸了我几声。

到了最后,颁奖时,我得到了特等贡献奖。

那时,我想,假如我没有认真对待这个工作,那么无论下多少雨,我也不能得奖。

因此,每个努力到百分百的人,他的功劳就是百分百。(胡思涵)

万分之一变成万分之二

为了万分之一的可能而付出所有的时候可能目前我还没有。有一件事,不能说是万分之一,对大多数人来说,可能性很大。

在我刚学舞蹈不到一年的时候,有一年暑假,我的妈妈报了拉丁舞7~10岁年龄段的淘汰赛,每个参赛者只需要跳两支舞,时间有长有短,十分考验人。老师帮我了解了一下对手的情况,基本上舞龄都在两年及以上,我心里顿时慌了。可是我还是坚持了下来,我一个暑假基本上都在舞室里没日没夜地练。

直到比赛前,我还是在练,好在"功夫不负有心人",我不是在第一轮就被淘汰的。万幸!

这就是我的经历,但是对于我来说是万分之二的可能。(金芸晞)

参考文献:

[1] 安德森等.学习、教学和评估的分类学[M].上海:华东师范大学出版社,2007:4-5.

[2] 吴承恩.西游记:李卓吾批评本[M].长沙:岳麓书社,2005:108.

[3] 邹佳叡.基于布鲁姆教育目标分类学的中考语文试题评析[J].教育测量与评价,

2020(5):49-55.

[4]夏雪梅.项目化学习设计[M].北京:教育科学出版社,2021:32-35.

[5]张晨.从"儿童视角"探究初中语文教材的教学策略[D].武汉:湖北大学,2012:23-34.

[6]杨雪.林海音小说艺术研究[D].贵阳:贵州师范大学,2019:2-4.

[7]王荣生.语文科课程论基础[M].上海:上海教育出版社,2003:315-381.

[8]徐默凡.语文学科中的思维教学初探[J].语文学习,2005(1):18-20.

[9]中华人民共和国教育部.义务教育语文课程标准(2011年版),北京:北京师范大学出版社,2012:2.

[10]叶佳琦.统编本初中语文教科书口语交际板块研究[D].包头:内蒙古科技大学包头师范学院,2020.

后　记

在这本凝聚了很多人心血的薄薄的册子出版之际,我要感谢很多人。

首先感谢我们同济大学附属实验中学语文教研组的各位同仁。在这个嘉定区优秀教研组里,同事们勇于改革的理念、踏实努力的作风深深影响了我,使我获得了长足进步。尤其感谢教研组长陆萍老师,至今还清晰地记得她为我的公开展示活动奔走,一次又一次修改主持稿,已经晚上九点还给我来电商榷。感谢我语文备课组老师和年级组的其他老师,他们总在我忙碌而手足无措的时候伸出援手。

感谢我们学校的邵学文校长和林秋琴书记,你们亲切温和的话语一直鼓励着我在教学研究这条道路上勇敢而执着地走着。感谢同济大学对我的关怀和支持,这也是我作为一名中学普通教师在追求卓越的道路上不畏困难和挫折勇敢前行的力量。

感谢我的家人。感谢父亲和母亲的严格要求让我不停奋斗,感谢我的婆婆承担起了所有的家务让我心无旁骛地进行写作,感谢我的先生不遗余力的支持,感谢我的儿子黄尧的懂事自律使我能全力以赴专注于我的工作。

在专业成长之路上,我特别感谢前辈们无私的帮助:感谢市教研员曹刚老师,感谢我的导师徐汇中学曾宪一校长,感谢我在嘉定区首届高级人才研究班的导师王伟娟老师……是你们,让我的专业研究之路越走越宽。

感谢我执教的2班和4班的优秀可爱的孩子们,我要与你们一起成长。

感谢出版社的丁老师在本书的出版过程中给予的极大的帮助。

啊,要感谢的人太多太多,我不一一列举了,成长路上,你们就是我的太阳,给了我温暖与阳光。

  教学研究的探索是艰辛的,但也有着非凡的意义。我的这本小册子是我教学经验的总结。它能让我的教学工作更高效,明鉴既往,有利未来。我的教学实践在这本书里所呈现的还只是一个起始部分,在接下来的教学过程中,我将在新理念的引导下,作进一步的探索,期望形成更成熟的体系,为基础教育添砖加瓦。

黄丽玉

2022.10.28